TEM AULA DE HISTÓRIA NO WHATSAPP
USANDO O APLICATIVO DE MENSAGEM NA EDUCAÇÃO DE JOVENS E ADULTOS

Editora Appris Ltda.
1.ª Edição - Copyright© 2025 dos autores
Direitos de Edição Reservados à Editora Appris Ltda.

Nenhuma parte desta obra poderá ser utilizada indevidamente, sem estar de acordo com a Lei nº 9.610/98. Se incorreções forem encontradas, serão de exclusiva responsabilidade de seus organizadores. Foi realizado o Depósito Legal na Fundação Biblioteca Nacional, de acordo com as Leis nos 10.994, de 14/12/2004, e 12.192, de 14/01/2010.

Catalogação na Fonte
Elaborado por: Dayanne Leal Souza
Bibliotecária CRB 9/2162

N244t 2025	Nascimento, Antonio Seabra Tem aula de história no whatsapp: usando o aplicativo de mensagem na educação de jovens e adultos / Antonio Seabra Nascimento. – 1. ed. – Curitiba: Appris, 2025. 131 p. ; 21 cm. – (Coleção Ciências Sociais. Seção História). Inclui referências. ISBN 978-65-250-7571-6 1. Whatsapp (aplicativo de mensagens). 2. Educação de jovens e adultos. 3. Educação básica. 4. Ensino de história. 5. Tecnologia. I. Nascimento, Antonio Seabra. II. Título. III. Série. CDD – 370.11

Livro de acordo com a normalização técnica da ABNT

Editora e Livraria Appris Ltda.
Av. Manoel Ribas, 2265 – Mercês
Curitiba/PR – CEP: 80810-002
Tel. (41) 3156 - 4731
www.editoraappris.com.br

Printed in Brazil
Impresso no Brasil

Antonio Seabra Nascimento

TEM AULA DE HISTÓRIA NO WHATSAPP
USANDO O APLICATIVO DE MENSAGEM NA EDUCAÇÃO DE JOVENS E ADULTOS

Appris editora

Curitiba, PR
2025

FICHA TÉCNICA

EDITORIAL	Augusto Coelho
	Sara C. de Andrade Coelho

COMITÊ EDITORIAL E CONSULTORIAS:

- Ana El Achkar (Universo/RJ)
- Andréa Barbosa Gouveia (UFPR)
- Antonio Evangelista de Souza Netto (PUC-SP)
- Belinda Cunha (UFPB)
- Délton Winter de Carvalho (FMP)
- Edson da Silva (UFVJM)
- Eliete Correia dos Santos (UEPB)
- Erineu Foerste (Ufes)
- Fabiano Santos (UERJ-IESP)
- Francinete Fernandes de Sousa (UEPB)
- Francisco Carlos Duarte (PUCPR)
- Francisco de Assis (Fiam-Faam-SP-Brasil)
- Gláucia Figueiredo (UNIPAMPA/ UDELAR)
- Jacques de Lima Ferreira (UNOESC)
- Jean Carlos Gonçalves (UFPR)
- José Wálter Nunes (UnB)
- Junia de Vilhena (PUC-RIO)
- Lucas Mesquita (UNILA)
- Márcia Gonçalves (Unitau)
- Maria Margarida de Andrade (Umack)
- Marilda A. Behrens (PUCPR)
- Marília Andrade Torales Campos (UFPR)
- Marli C. de Andrade
- Patrícia L. Torres (PUCPR)
- Paula Costa Mosca Macedo (UNIFESP)
- Ramon Blanco (UNILA)
- Roberta Ecleide Kelly (NEPE)
- Roque Ismael da Costa Güllich (UFFS)
- Sergio Gomes (UFRJ)
- Tiago Gagliano Pinto Alberto (PUCPR)
- Toni Reis (UP)
- Valdomiro de Oliveira (UFPR)

SUPERVISORA EDITORIAL	Renata C. Lopes
PRODUÇÃO EDITORIAL	Adrielli de Almeida
REVISÃO	José A. Ramos Junior
DIAGRAMAÇÃO	Jhonny Alves dos Reis
CAPA	Eneo Lage
REVISÃO DE PROVA	Ana Castro

COMITÊ CIENTÍFICO DA COLEÇÃO CIÊNCIAS SOCIAIS

DIREÇÃO CIENTÍFICA: Fabiano Santos (UERJ-IESP)

CONSULTORES:

- Alícia Ferreira Gonçalves (UFPB)
- Artur Perrusi (UFPB)
- Carlos Xavier de Azevedo Netto (UFPB)
- Charles Pessanha (UFRJ)
- Flávio Munhoz Sofiati (UFG)
- Elisandro Pires Frigo (UFPR-Palotina)
- Gabriel Augusto Miranda Setti (UnB)
- Helcimara de Souza Telles (UFMG)
- Iraneide Soares da Silva (UFC-UFPI)
- João Feres Junior (Uerj)
- Jordão Horta Nunes (UFG)
- José Henrique Artigas de Godoy (UFPB)
- Josilene Pinheiro Mariz (UFCG)
- Leticia Andrade (UEMS)
- Luiz Gonzaga Teixeira (USP)
- Marcelo Almeida Peloggio (UFC)
- Maurício Novaes Souza (IF Sudeste-MG)
- Michelle Sato Frigo (UFPR-Palotina)
- Revalino Freitas (UFG)
- Simone Wolff (UEL)

AGRADECIMENTOS

Aos cidadãos da cidade de Ananindeua, que me acolheram de braços abertos. O local foi o meu primeiro destino quando saí da casa dos meus pais e que voltei a morar recentemente, após quase nove anos morando na igualmente acolhedora Marituba.

Aos meus alunos e aos alunos da escola municipal Clóvis Begot, especificamente os da turma da terceira etapa, objeto da minha pesquisa.

Aos colegas professores e demais funcionários da referida escola.

A todos os professores do curso de mestrado ProfHistória, em especial aos professores Adilson Brito e Renato Costa, pelas cobranças e pelos infinitos aportes ao presente trabalho, sempre zelosos em garantir a melhor formação possível para os egressos do curso.

À queridíssima professora Eliana Ramos, pela ideia de eu redirecionar a pesquisa que agora se transforma em livro.

Ao professor Renato Costa, que compreendeu as minhas ausências e atrasos e que me incentivou a concluir a dissertação, com apontamentos preciosos ao presente trabalho.

À professora Ana Beatriz Gomes (UFPE), que fez importantes questionamentos e aportes ao presente texto.

Ao professor Amarildo, companheiro de lutas de longa data, que me abriu espaço para o desenvolvimento da pesquisa.

Ao professor Iranil, vizinho e companheiro de lutas sindicais, por toda a ajuda dada nas minhas idas até a escola Clóvis Begot.

Aos colegas da turma, que sempre me incentivaram e sempre estiveram à disposição para me ajudar quando precisei.

Aos companheiros e às companheiras de luta da direção e da base do Sindicato dos Trabalhadores em Educação Pública do Estado do Pará (Sintepp) pelas palavras de incentivo e carinho.

Aos colegas das escolas da rede municipal em que já trabalhei.

Aos colegas da escola Estadual Raimundo Vera Cruz pela torcida.

Aos amigos e familiares que sempre me incentivaram a estudar e alçar novos voos.

A todos os funcionários do *campus* Ananindeua, da grandiosa Universidade Federal do Pará, especialmente a Ana Alice, sempre solícita em meus pedidos.

À editora Appris, por acreditar no potencial deste trabalho.

*Dedico este livro aos meus pais,
Antonio Nelson e Maria Rute, por sempre me incentivarem a estudar.*

Dedico igualmente esta obra às minhas

*amadas Amira, Ayla Melissa e Amanda Larissa,
meus alicerces e minhas razões de viver.*

PREFÁCIO

É mais ou menos consensual, no mundo em que vivemos, a percepção de que a vida parece se distanciar da realidade e chegar cada vez mais junto da virtualidade. Atividades antes consideradas simples e corriqueiras, como ler um jornal, falar pessoalmente ou ao telefone, escutar músicas, rir de alguém contando uma piada, estão ficando diferentes e se transformando rapidamente. Antes, essas ocasiões reuniam pessoas em comunicabilidades; hoje, *atomizam* os indivíduos em biografizações narcísicas (Lipovestsky, 2005). No passado, constituíam territorialidades coletivas relativamente sólidas, para dar lugar, na atualidade, à *liquidez* da condição social, das emoções e das identidades (Bauman, 1998). Sem dúvida, vivemos numa espécie de "virada" de valores morais e societários, cujo centro é tomado pela globalização sistêmica e irresistível, com a sua desindustrialização, desenraizamentos, desencaixes, seja no âmbito mais amplo da cultura e da nação, seja nos microporos sociais das vivências cotidianas dos indivíduos.

No torvelinho dessas transformações sistêmicas está um organismo social que muito nos interessa: a escola. Imaginada, conceitualmente, como uma tecnologia de controle a serviço do Estado e da Nação, voltada para a objetividade e para disciplinarização social dos aprendizes a partir de um currículo prescrito de conhecimentos, a escola encaminhava uma forma de educar coerente com os valores que se queriam incutir no meio social, os valores de uma cidadania da obediência à hierarquia posta. Todavia, uma veloz transformação está em curso dentro do espaço escolar, que se coloca no *descompasso* entre a função disciplinadora do instituto educacional e o avanço dos efeitos globais de desencaixe nacional e de pulverização da nação, muito presentes nos saberes e vivências que transpassam as salas de aula da Educação Básica. Em outras palavras, a sociedade muda rapidamente, enquanto a escola permanece quase estática na sua função social de origem. Estaria a escola ficando obsoleta? (Sibilia, 2012).

Nessa linha de pensamento, o referido descompasso escola-sociedade se coloca cada vez mais presente no cotidiano escolar, no qual os(as) educandos(as) o materializam através da constante *conectividade*. Usar um *smartphone* ou um *tablet* deixou de ser apanágio exclusivo de algumas coletividades e se tornaram uma realidade ampla e abrangente do consumo. A vida está cada vez mais dentro do ciberespaço assim como o ciberespaço está cada vez mais inserido na vida. É uma realidade! A escola, contudo, continua a manter a sua função disciplinadora sobre os corpos e os comportamentos dos que a integram, sem levar em conta que as subjetividades no uso desses equipamentos e de suas informações é uma realidade na vida social. A vida social passou a ser também uma vida informacional. Gestores(as) procuram, todavia, limitar e/ou proibir o uso da tecnologia e a circulação de informações virtuais dentro da escola, como se quisessem salvar um barco que se enche de água constantemente. Um descompasso quase completo.

"Quase completo", eu disse. A obra que o(a) leitor(a) tem em mãos justifica plenamente a imagem do barco (a escola) ainda a navegar nas turvas e revoltas águas (a sociedade). *Tem aula de história no WhatsApp: usando o aplicativo de mensagem na educação de jovens e adultos*, de autoria do professor Antonio Seabra Nascimento, é um esforço de apresentar uma proposta de alinhamento entre a escola e a sociedade tecnológica em que vivemos. Centrado nas possibilidades de uso do aplicativo de mensagens WhatsApp como ferramenta para o reforço de aprendizagem entre alunos e alunas da Educação de Jovens e Adultos (EJA), o livro apresenta diversas vias de reflexão sobre o ensino e a aprendizagem da disciplina História, contextualizadas na especificidade da escolarização, no perfil social e nas vivências cotidianas de trabalhadores(as) que frequentam a EJA na rede pública de ensino, em busca de qualificação mínima voltada para o mercado de trabalho. Com aguda sensibilidade, o autor procurou trabalhar uma metodologia de reforço à aprendizagem deste público, a partir da ferramenta de áudio do aplicativo, com o fito de fixar conhecimentos complexos sobre processos históricos importantes, para um público com pouco tempo disponível para estudar textos didáticos.

A metodologia de ensino colocada em prática é *experimental*. Daí a riqueza deste livro, no que guarda de potencialidades de usos de aplicativos de informação e comunicação na aprendizagem histórica, como aliando as tradicionais ferramentas do quadro, pincel e textos didáticos com os *smartphones* conectados à internet. Experimentos didáticos como esse são muito bem vindos pelos pontos de reflexão que abrem para resgatar a escola do naufrágio nas águas da sociedade mediada pelas tecnologias de informação e comunicação. A escola é fundamental para a sociedade, como instituto educacional que forma para a vida prática, para a cidadania ativa e responsável. Professores(as) de História precisam compreender isso e buscar meios de se utilizarem dos elementos disponibilizados pela globalização para cumprir os nobres fins da Educação. *Escutem aí!*

Ananindeua-PA, 19 de novembro de 2024.

Adilson J. I. Brito
Possui graduação em História (bacharelado e licenciatura) pela Universidade Federal do Pará; mestrado em História Social do Norte e Nordeste pela Universidade Federal de Pernambuco (2008); e doutorado em História Social pela Universidade de São Paulo (2016). É docente efetivo de Teoria da História e Metodologia da História na Universidade Federal do Pará/Campus Universitário de Ananindeua. É líder do Grupo de Estudos de Fronteira, cadastrado no Diretório de Grupos de Pesquisa do CNPq. Tem experiência na área de História, com ênfase em história política e história econômica, atuando principalmente nos seguintes temas: Independência ibero-americana, revolução ibero-americana, patriotismo, soldados, história militar, cultura política, fronteiras amazônicas, elites políticas. Atualmente, ocupa o cargo de Coordenador do Programa de Pós-Graduação em Ensino de História (PPGEH/PROFHISTORIA), e tem se

dedicado à pesquisa e às reflexões voltadas para a Teoria da História, vinculadas aos processos de ensino e aprendizagem da história escolar, com ênfase na construção da memória histórica e da memória coletiva e seus vínculos com os temas da identidade nacional, identidade local, direitos humanos e educação patrimonial nas salas de aula da educação básica.

Referências

BAUMAN, Z. **O mal-estar da pós-modernidade**. Rio de Janeiro: Jorge Zahar Ed., 1998.

LIPOVETSKY, G. **A era do vazio**: ensaios sobre o individualismo contemporâneo. São Paulo: Manole Ltda., 2005.

SIBILIA, Paula. **¿Redes o paredes?**: la escuela em tempos de dispersión. 1. ed. Buenos Aires: Tinta Fresca, 2012.

SUMÁRIO

INTRODUÇÃO 15

CAPÍTULO 1
O APLICATIVO DE MENSAGENS WHATSAPP NO ENSINO DE HISTÓRIA 19
1.1 A vida em rede 19
1.2 Abordagens sociais por meio do aplicativo de mensagens WhatsApp 36
1.3 O emprego do WhatsApp na educação básica 45

CAPÍTULO 2
A EDUCAÇÃO DE JOVENS E ADULTOS 57
2.1 A trajetória da EJA no Brasil 57
2.2 A EJA nos dias atuais 70
2.3 Desafios e perspectivas da EJA no Brasil do século XXI 79
2.4 A Educação de Jovens e Adultos em Ananindeua, no estado do Pará ... 89

CAPÍTULO 3
O EXPERIMENTO: UTILIZANDO O RECURSO DE ENVIO DE ÁUDIO DO WHATSAPP 93
3.1 O local de aplicação do experimento e o professor titular da turma 95
3.2 Os sujeitos da pesquisa 95
3.3 A aplicação do experimento 104
3.4 O que fazer com as aulas gravadas? 115

CONSIDERAÇÕES FINAIS 121

REFERÊNCIAS 125

INTRODUÇÃO

O presente livro surgiu de uma reflexão sobre a experiência que tive como professor durante a pandemia de covid-19, entre os anos de 2020 e 2021. Com a suspensão das aulas por conta da proliferação do vírus em escala global, professores, alunos e demais membros das instituições escolares se viram forçados a adotar um modelo de ensino virtual, uma vez que não era recomendado manter qualquer tipo de atividade que gerasse aglomeração.

A adoção das chamadas "aulas remotas" colocou muitos profissionais numa situação difícil, uma vez que não dominavam o uso de tecnologias como internet, celulares, tablets etc. Contudo, eu já tinha experiência no uso do celular em sala de aula, uma vez que desde 2015 eu compartilhava materiais didáticos com meus alunos em função do número insuficiente de livros didáticos enviados para as escolas em que trabalhava. Esses materiais eram compartilhados via WhatsApp, famoso aplicativo de mensagens que naquela época não era tão popular em nosso país. Tive relativo sucesso nessa experiência, uma vez que muitos alunos já possuíam seu próprio smartphone.

Desse modo, foi relativamente fácil me adaptar à dinâmica das aulas virtuais. Na época em que as aulas foram suspensas (março de 2020), trabalhava em uma escola da rede estadual e em quatro escolas da rede municipal em Ananindeua, município colado à capital do estado, minha cidade natal, Belém. Das cinco instituições, três adotaram aulas pelo aplicativo supracitado. A escola elaborou um horário no qual eu deveria estar online e enviar no grupo da turma as atividades referentes à minha disciplina, no caso História. Inicialmente enviava os materiais didáticos e pedia aos alunos para fazerem a leitura deles e realizarem perguntas caso houvesse dúvida. Porém, muitos alunos me mandavam mensagem no privado dizendo que não entenderam o texto. Daí percebi que na verdade o que estava faltando para que os alunos entendessem era justamente a explicação do conteúdo. Foi aí que tive a ideia de gravar as aulas em formato de áudio para compartilhar com os alunos, tentando simular uma aula presencial, na qual, após copiar os itens mais importantes do assunto no quadro para que os alunos registrem essas anotações em seus cadernos, procedo à explicação do conteúdo.

Essa metodologia proporcionou uma aproximação maior com os alunos, haja vista que alguns não conseguiam estar online no horário da aula e me pediam em outro momento que enviasse os áudios com a explicação do assunto.

Com o gradual relaxamento das medidas de restrição em função do início da vacinação e da diminuição dos casos de mortes provocadas pela covid-19, as aulas presenciais foram paulatinamente retomadas em fins de 2021. No ano letivo seguinte, ou seja, em 2022, persistia a insuficiência de livros didáticos e, novamente, fiz do smartphone meu grande aliado na sala de aula, compartilhando materiais com meus alunos. Nesse mesmo ano fui aprovado no Mestrado Profissional em Ensino de História, o que me possibilitou refletir sobre a minha prática docente ao longo de aproximadamente 20 anos de sala de aula e, especificamente, sobre as experiências que tive durante a pandemia. Em diálogo com os professores e colegas do curso, cheguei à conclusão de que essa rica experiência que tive no uso do aplicativo da empresa Meta não poderia se perder.

Tendo em vista que essa experiência se deu em um contexto marcado por excepcionalidade, passei a me questionar se essa metodologia seria válida em tempos "normais", ou seja, com aulas presenciais ocorrendo normalmente: é possível utilizar o aplicativo de mensagens denominado WhatsApp como recurso pedagógico na sala de aula no ensino de História? Quais seriam os pontos positivos e negativos em sua utilização? Seu uso seria complementar ou viria a substituir as aulas tradicionais?

Foi a partir desses questionamentos que comecei a elaborar o presente trabalho, que se transformou neste livro que você está lendo. No primeiro capítulo, busco demonstrar a viabilidade de usar o WhatsApp como recurso pedagógico complementar na sala de aula, fazendo um pequeno histórico da sua criação e de como ele é utilizado hoje, nas mais variadas situações e experiências positivas em seu uso no ambiente escolar. Faço, também, uma breve discussão sobre como o aspecto virtual da nossa realidade cresceu em importância e como não é possível ignorar esse fato, sob pena de a instituição chamada escola cair ainda mais em descrédito perante as novas gerações, que já nasceram nessa nova configuração do mundo. Chamo a atenção para a necessidade de se utilizar essas tecnologias de maneira crítica, sem romantizações e expectativas exageradas em torno de seu usos em sala de aula.

No segundo capítulo, busquei fazer uma contextualização do nível e modalidade de ensino que elegi para realizar a pesquisa e mostrar a viabilidade do uso do WhatsApp em sala de aula, no caso a Educação de Jovens e Adultos (EJA). Fiz um breve histórico dessa modalidade em nosso país, ato contínuo mostrando como ela se encontra nos dias atuais, debatendo seus desafios e perspectivas em meio a um esvaziamento de sua oferta nas escolas brasileiras. E, por fim, analisei como a rede municipal de ensino de Ananindeua se encontra no que se refere a essas questões levantadas anteriormente, visto que trabalho com essa modalidade de ensino na referida rede.

No terceiro e último capítulo, apresento o experimento que realizei em uma escola da rede municipal de Ananindeua, justificando o porquê de eu ter escolhido um dos recursos (envio de áudio) disponíveis no aplicativo WhatsApp para trabalhar com os alunos. Os últimos, por sua vez, responderam a um questionário que me ajudou a caracterizá-los melhor. Finalizando o capítulo, busquei refletir sobre o que aconteceria com as aulas gravadas produzidas por mim: seriam "deletadas" de meu notebook após cumprirem sua missão de me ajudar a comprovar a viabilidade do WhatsApp em sala de aula ou teria alguma serventia no meu fazer pedagógico e quiçá de outros colegas de profissão, que poderiam ser estimulados a gravarem suas próprias aulas?

Independentemente do que aconteça, espero ter dado uma singela contribuição para a reflexão sobre a utilização das Tecnologia de Informação e Comunicação (TICs) em sala de aula, mais especificamente o uso de um dos mais populares aplicativos disponíveis para smartphones, tablets, notebooks, computadores e congêneres: o WhatsApp.

CAPÍTULO 1

O APLICATIVO DE MENSAGENS WHATSAPP NO ENSINO DE HISTÓRIA

No capítulo que ora se inicia, faço a discussão sobre a utilização do aplicativo de mensagens WhatsApp analisando seus limites e possibilidades enquanto recurso didático no ensino da disciplina História, mais especificamente na modalidade de ensino EJA. Faço ainda uma breve contextualização do conceito rede social, bem como dos aplicativos de relacionamento que foram criados com o propósito de reproduzir essa "teia" no ambiente virtual, realizando uma breve retrospectiva sobre a origem e desenvolvimento deles.

Também, analiso como esses aplicativos são utilizados para as mais diversas finalidades e que também são utilizados para fins políticos, no sentido mais restrito do termo. Por fim, apresento uma breve discussão sobre a utilização do WhatsApp como recurso didático no ensino de modo geral, apontando seus limites e possibilidades.

1.1 A vida em rede

Desde que a espécie humana surgiu no planeta, ela garantiu sua sobrevivência devido a uma vida coletiva (bandos), uma vez que não era a espécie mais forte e mais rápida, tornando-se, ao mesmo tempo, caça e caçador.

Essa interdependência entre os humanos foi a responsável pela criação de uma vida em rede, na qual estabelecemos laços mesmo que a contragosto, com uma série de indivíduos que jamais sonhamos conhecer. Esse fenômeno conhecido como rede social é parte criativa da produção humana, que ao longo dos tempos foi sendo aperfeiçoada e ganhou conceituações mais próximas da experiência das relações que as pessoas estabelecem entre si. Desse modo, Ferreira (2011, p. 210) entende que:

> É, no inicio do séc. XX, que surge a ideia de rede social, a ideia de que as relações sociais compõem um tecido que condiciona a ação dos indivíduos nele inseridos. A metáfora de tecido ou rede foi inicialmente usada na sociologia, para associar o comportamento individual à estrutura a qual ele pertence e transformou-se em uma metodologia denominada sociometria, cujo instrumento de análise se apresenta na forma de um sociograma.

Essas redes são formadas espontaneamente e se imbricam simultaneamente, reunindo pessoas por local de trabalho, estudo, moradia, preferências, aptidões etc. Assim, Ferreira (2011, p. 213) define rede social como:

> [...] uma estrutura social composta por indivíduos, organizações, associações, empresas ou outras entidades sociais, designadas por atores, que estão conectadas por um ou vários tipos de relações que podem ser de amizade, familiares, comerciais, sexuais etc. Nessas relações, os atores sociais desencadeiam os movimentos e fluxos sociais, através dos quais partilham crenças, informação, poder, conhecimento, prestígio etc.

Essas redes tecem relações entre indivíduos e instituições bem como entre os próprios seres humanos; na atualidade, com o advento dos computadores e da internet, esses vínculos passam a ocorrer por meio do "mundo virtual". Desse modo, o avanço dessas relações nesse âmbito fez com que muitos estudiosos apontassem que a tendência do virtual sobre o real seria cada vez maior:

> É possível pensar em um futuro não muito distante, em que grande parte das redes de relações e trocas não materiais seja em ambiente virtual, ao mesmo tempo em que, com o atual nível de

desenvolvimento sócio-técnico, não é concebível um mundo sem trocas materiais no mundo físico (Ferreira, 2011, p. 214).

Apesar de Ferreira descartar a abolição de trocas materiais no mundo físico, o autor reconhece que esse processo de sobreposição do virtual ao real é inevitável e inexorável. Por isso, autores como o sociólogo Manuel Castells, no livro *Sociedade em rede*, afirma que a virtualidade é um aspecto fundamental da nossa realidade:

> É por isso que, observando há mais de uma década as tendências emergentes do que agora assumiu a forma de uma revolução na comunicação, apresentei, na primeira edição deste livro, a hipótese de que uma nova cultura estava se formando, a cultura da virtualidade real, na qual redes digitalizadas de comunicação multimodal passaram a incluir de tal maneira todas as expressões culturais e pessoais a ponto de terem transformado a virtualidade em uma dimensão fundamental da nossa realidade (Castells, 1999, p. 16).

É fato que as formas de comunicação foram se aperfeiçoando, especialmente sob os auspícios do Capitalismo, cada vez mais sedento por lucros, e assim novas maneiras de estabelecer essas relações foram sendo formadas. Ainda, com o campo das TICs, mais recursos foram sendo atribuídos a essa atividade humana com a incorporação de ferramentas e instrumentos digitais. Desse modo, as pessoas se conhecem e estabelecem vínculos pelo mundo virtual: há aplicativos de namoro e de relacionamentos mais íntimos, há casais que namoram à distância graças aos aplicativos de conversa com chamadas de vídeo, na qual os parceiros podem se conhecer melhor e/ou manter um vínculo afetivo.

As consultas médicas e até mesmo cirurgias são feitas remotamente. A "telemedicina" vem ganhando força nos últimos anos e ganhou forte impulso em função das limitações impostas pela pandemia do novo coronavírus a partir de 2020. Antes disso era uma tendência, especialmente nas regiões e cidades mais afastadas dos grandes centros urbanos, uma vez que historicamente há uma concentração desses profissionais nas cidades maiores. Como bem exposto por Lisboa (2023):

> No início de 2020, devido à pandemia do novo coronavírus, o Brasil e o mundo enfrentaram uma emergência nunca vivenciada anteriormente, com prejuízos à vida humana, à saúde pública e à atividade econômica. A covid-19 tem representado um desafio global aos sistemas de saúde, expandindo em velocidade crescente de óbitos, de pacientes críticos com pneumonia e necessidade de suporte respiratório. É nesse cenário que medidas de isolamento, quarentena e distanciamento social, como fechamento de estabelecimentos e cancelamento de eventos com grande público, foram adotadas, e que a telessaúde ganhou espaço para sua consolidação efetiva no país.

As transações bancárias e financeiras diminuíram drasticamente no mundo real: antes mesmo do famoso "PIX"[1], o uso do chamado "internet banking" crescia de forma avassaladora, decretando o fim de muitas agências físicas e, consequentemente, extinguindo postos de trabalho nas instituições financeiras.

De acordo com matéria publicada no site *Valor Econômico*, o "PIX" se tornou a modalidade mais usada por brasileiros no que tange a transações de pequeno valor, só perdendo para o "TED" em volume de recursos:

> Foram 66,1 bilhões de transações de 16 de novembro de 2020 a 31 de outubro deste ano, em um total de R$ 29,5 trilhões, segundo dados do Banco Central (BC). A instantaneidade da operação, a ausência de custo para pessoa física e a disponibilidade ininterrupta do serviço explicam, na opinião de especialistas, parte deste resultado [...] (Valor Econômico, 2023).

---

[1] Sistema de transferências instantâneas do Banco Central do Brasil que foi criado em novembro de 2020.

Em outra reportagem, desta vez vinculada pela *Agência Brasil*, o sucesso do sistema de transferência criado pelo Banco Central do Brasil é atestado pelo número de adeptos:

> Criado em novembro de 2020, o Pix acumulava, no fim de agosto, 153,36 milhões de usuários, conforme as estatísticas mensais mais recentes. Desse total, 140,65 milhões eram de pessoas físicas; e 12,71 milhões de pessoas jurídicas (Agência Brasil, 2023).

No que se refere ao internet banking[2], este foi criado no final da década de 1990 e se confunde com o surgimento e a popularização da internet no Brasil em meados dos anos 2000. Ele está sendo responsabilizado pelo fechamento de agências físicas, o que tem gerado grande desemprego entre os bancários. De qualquer modo, a maximização dos lucros, perseguida obstinadamente pelos capitalistas, especialmente pelos que mais ganham dinheiro no Brasil, no caso os banqueiros, não pode ser esquecida a ponto de atribuir essas demissões ao mero "progresso tecnológico", que tem sua parcela de contribuição, mas não é, definitivamente, o único responsável por esse fenômeno:

> [...] De acordo com um levantamento feito pelo Banco Central (Bacen), em setembro de 2019, o uso do internet banking e do mobile banking cresceram, respectivamente, 4% e 17%, correspondendo a 76% do total de transações bancárias no país. Ao mesmo tempo, o número de terminais de autoatendimento (ATMs) diminuiu 3% nesse mesmo período, provando que até tais máquinas estão se tornando obsoletas (Perallis Security, 2023).

O ato de comer também foi alterado: pedir alimentos e bebidas por aplicativos virou "febre", principalmente entre a chamada classe média. Tais serviços têm contribuído para a precarização do trabalho, alastrando a informalidade característica peculiar dessas novas relações de trabalho estabelecidas entre os empregadores

---

[2] Banco na Internet, em tradução livre, é a utilização de serviços bancários oferecido pelas instituições financeiras por meio de seus sites ou aplicativos para dispositivos móveis como smartphones ou tablets.

(plataformas como Ifood, Uber Eats, 99, Rappi etc.) e empregados, os popularmente conhecidos "entregadores". Em recente pesquisa, o Instituto Brasileiro de Geografia e Estatística (IBGE) trouxe à tona dados estarrecedores sobre a condição desses trabalhadores:

> [...] em média, esse setor do proletariado e semi-proletariado trabalha 46 horas por semana, que contrasta com a média de 39,5 horas por semana da jornada da média dos trabalhadores em geral, empregados em outros setores. Além disso, a pesquisa revela também que os trabalhadores de aplicativo ganham menos por hora trabalhada. Enquanto em média, os trabalhadores brasileiros em geral recebem R$ 14,60 por hora trabalhada, os trabalhadores de aplicativo recebem R$ 13,30 (A Nova Democracia, 2023).

A virtualidade de nossos tempos transformou até mesmo o ato de se deslocar: pedir um "carro" por aplicativo se tornou comum até mesmo entre os menos abastados, haja vista a precariedade do transporte público nas grandes capitais e regiões metropolitanas do nosso país. O serviço de táxi, antes acessível a somente uma pequena parcela da população, foi democratizado com tarifas mais em conta dos aplicativos de mobilidade urbana.

Essa mudança foi acompanhada de uma corrosão dos direitos trabalhistas e um processo de "uberização". De acordo com Antunes (2020, p. 11) "A uberização é um processo no qual as relações de trabalho são crescentemente individualizadas e inviabilizadas, assumindo, assim, a aparência de 'prestação de serviços' e obliterando as relações de assalariamento e de exploração do trabalho" na relação entre os aplicativos e motoristas desses veículos. A empresa líder nesse ramo emprestou seu nome para esse processo de desregulamentação das relações de trabalho, na qual o trabalhador foi convencido de que tinha as rédeas do processo, uma vez que faria seu próprio horário e poderia recusar corridas menos lucrativas. O "canto da sereia" logo ressoou desafinado aos ouvidos dos "empreendedores" donos do próprio negócio, tendo em vista que seriam proprietários do veículo que utilizam para o trabalho, pois:

> A pesquisa revela ainda o quão falsa é a suposta "autonomia" oferecida por esse regime de trabalho, alavancado sobre o desemprego brutal das massas populares que arrasta milhões de trabalhadores à informalidade: 63,2% dos trabalhadores de aplicativo afirmaram que escolhem seus horários de trabalho de acordo com incentivos, bônus e promoções, e 42,3% disseram que escolhem por razões de ameaças de punições ou bloqueios por parte da própria plataforma. As ameaças de punições são um fator particularmente desesperador para esses trabalhadores. Primeiro porque a maior parte dos trabalhadores têm o aplicativo como única fonte de renda. Além disso, uma simples nota baixa pode significar menor remuneração e menor oferta de corridas para os entregadores e motoristas de aplicativo – esta é uma situação constantemente denunciada pelos entregadores (A Nova Democracia, 2023).

Some-se a isso o total desamparo ao qual esses trabalhadores estão submetidos no processo de "uberização". No entanto, para os defensores do capital e propagandistas das vantagens da desregulamentação das relações de trabalho o importante é gerar renda:

> [...] são obrigados a enfrentar o regime imposto pelas plataformas que não oferecem segurança alguma. O entregador ou motorista se responsabiliza pelos danos de seu próprio carro, moto ou bicicleta, se responsabiliza por eventuais acidentes de trabalho, podendo inclusive serem punidos se ocorre algo do tipo. Além disso, aponta-se também a vulnerabilidade a que esses trabalhadores estão submetidos no que diz respeito à previdência. Apenas 37,5% destes contribuem para a Previdência e contam com essa proteção social, contra 61,3% dos trabalhadores do mercado de trabalho formal que contribuem (A Nova Democracia, 2023).

As enfadonhas reuniões de trabalho passaram a ser menos "chatas" em virtude de o trabalhador poder participar dela do conforto do seu lar. O chamado "home office"[3] também ganhou força nos últimos anos, e as restrições impostas pela covid-19 apenas aceleraram esse processo:

> Uma pesquisa da Sociedade Brasileira de Teletrabalho e Teleatividades revela que 45% das empresas participantes têm colaboradores que trabalham em casa. Outros 15% estão avaliando a implantação dessa modalidade. A prática está ganhando mais adeptos, com anuência das empresas que encontram na adoção de home office a possibilidade de reduzir o estresse das equipes e aumentar a produtividade dos colaboradores. De acordo com a Evolking Workforce, 54% dos brasileiros acreditam ser mais produtivos trabalhando no próprio domicílio (Sólides, 2023).

A compra de roupas, eletroeletrônicos, brinquedos, livros, calçados e outros itens também migrou do mundo real para a virtualidade expressa na supracitada obra de Castells. As prateleiras virtuais se avolumam em razão inversa ao comércio físico: vários lojistas fecharam suas lojas físicas e passaram a atender seus clientes exclusivamente pela internet. Em publicação no portal de notícias UOL (2023):

> Atualmente, mais de 64% das pessoas preferem comprar pela internet, ou seja, as lojas virtuais e plataformas de venda têm aumentado muito o seu público devido à facilidade de comprar online — de acordo com o maior portal de informações sobre negócios na internet do Brasil, o E-commerce Brasil.

Segundo o especialista em comércio eletrônico Vítor Freitas, tal atividade já era uma tendência antes mesmo da pandemia da covid-19:

> Antes de 2020, o Ecommerce já estava em expansão, mas ganhou ainda mais espaço após o lockdown. Muitos usuários que não tinham o hábito de

---

[3] Termo inglês que pode ser traduzido como escritório em casa. É a modalidade de trabalho em que o trabalhador desempenha suas funções em casa.

comprar pela internet foram obrigados a se adaptar ao comércio virtual e, mesmo com o retorno da compra presencial, muitas pessoas já preferem realizar suas compras sem sair de casa (Freitas, 2023).

No caminho inverso, muitas lojas físicas têm fechado as portas, apesar de muitos clientes ainda terem preferência pela experiência proporcionada pela compra presencial, na qual o consumidor pode explorar melhor o produto. Varejistas tradicionais mudaram o foco para lojas online, conforme o especialista supracitado registra:

> Em 2021, o Brasil fechou o ano com 38 mil pontos de venda físicos, o que representa uma diminuição de 6,7 mil PDVs em relação a 2015. Isso indica que, apesar do crescimento em vendas e faturamento, o número de lojas físicas está diminuindo. Além disso, muitas empresas estão fechando suas lojas físicas e migrando para o online, ou mudando o foco para as lojas virtuais, como foi o caso do Magazine Luiza. Um exemplo disso é a marca de roupas Forever 21, que fechou todas as suas lojas físicas no Brasil e passou a operar exclusivamente online. Outro exemplo é a marca de calçados Arezzo, que anunciou em 2021 o fechamento de 50% de suas lojas físicas e o investimento no Ecommerce (Freitas, 2021).

Se olharmos para atividades como troca de mensagens, telemedicina, transações bancárias, encomenda de alimentos, e tantas outras realizações que podemos fazer pelo meio virtual, chegaremos ao entendimento que essas são as novas formas de relacionamento em rede, seja com uma empresa, com um empregador, com um prestador de serviço, um amigo etc., todos estamos conectados pelas redes virtuais.

Entretanto, muitas ponderações precisam ser feitas quanto à utilização dessas ferramentas virtuais, pois elas são digitais e só pode acontecer por meio de aparelhos eletrônicos que estejam conectados à internet, que por sua vez tem um custo financeiro muito alto, seja para a compra de smartphones, computadores, tablets, modems etc., requisito que faz com que boa parte da população só consiga acessar serviços básicos desse universo digital; além das pessoas, as instituições sociais que prestam serviços à população também deixam de prestar bons serviços devido a não contarem com investimentos suficientes para adquirirem equipamentos de ponta para estarem conectadas.

Nesse caso, em se tratando de instituições sociais, podemos nos perguntar: e a escola, como ficou nesse contexto? Salvo magníficas exceções, as instituições de ensino pararam no tempo, como constatam Veen e Vrakking (2009, p. 13) ao dizerem que "O problema é que as escolas ainda tentam transferir o conhecimento como se fazia há 100 anos. Isso não seria um problema se toda a estrutura econômica de nossa sociedade ainda fosse a mesma, mas esse não é o caso". A saber, de acordo com os autores, as instituições escolares permanecem presas às tradicionais estruturas por falta de investimentos em inovação tecnológica, fazendo com que o ensino tenha um atraso, não acompanhando o avanço tecnológico que a sociedade tem alcançado, principalmente no campo do acesso e repasse do conhecimento aos alunos para utilizar com propriedade os equipamentos tecnológicos digitais.

No livro intitulado *Homo Zappiens: educando na era digital*, Veen e Vrakking (2009) desenvolvem o conceito de que os nossos alunos seriam "Homo Zappiens", chamando a atenção que esses sujeitos nasceram na era digital, convivem desde o berço com computadores, smartphones, tablets e outros equipamentos conectados à rede mundial de computadores. Desse modo, para os autores:

> Não apenas representa uma geração que faz as coisas de maneira diferente - é um expoente das mudanças sociais relacionadas à globalização, à individualização e ao uso cada vez maior da tecnologia em nossa vida. Neste sentido, considero os valores e o comportamento do Homo zappiens uma oportunidade para nos ajudar a dar nova forma à educação do futuro. Em vez de considerá-los uma

ameaça e de negligenciar suas práticas, sugiro que olhemos para os valores dessa geração como uma fonte de inspiração e orientação para ajustarmos nossos sistemas educacionais ao melhor atendimento das necessidades de nossa sociedade futura (Veen; Vrakking, 2009, p. 2).

Os autores consideram que na sociedade conectada, mediadas pelas TICs, os alunos precisam ter seu valor reconhecido, no entanto, a Escola enquanto instituição vinculada ao Estado tende a ser mais conservadora, especialmente em relação à incorporação de novas tecnologias e até mesmo das novas linguagens que vão surgindo dessa relação com o universo da cibercultura. O sociólogo francês Pierre Bordieu afirma que:

> É provavelmente por um efeito de inércia cultural que continuamos tomando o sistema escolar como um fator de mobilidade social, segundo a ideologia da "escola libertadora" quando, ao contrário, tudo tende a mostrar que ele é um dos fatores mais eficazes de conservação social, pois fornece a aparência de legitimidade às desigualdades sociais e sanciona a herança cultural e dom social tratado como dom natural (Bordieu, 1989, p. 5).

Dessa forma, a escola não estabelece o diálogo com as novas gerações de alunos, deixando de debater temas atuais e essenciais como educação sexual, educação ambiental, violência, ética, racismo etc. De modo geral, a escola precisa tratar de temas sensíveis e importantes para o fortalecimento de valores dessa geração.

Outra negativa aos anseios oriundos dos discentes é a obrigatoriedade do uniforme escolar e a proibição de adereços, bem como a proibição de estilos de cabelo considerados mais extravagantes ("dreads", cabelos no estilo "black power", cabelos coloridos etc.), negando aos alunos a possibilidade de manifestar seus traços de personalidade e sua cosmovisão, obrigando-os a aderir a um estilo de corte de cabelo e indumentária socialmente aceito como adequado ao ambiente escolar.

De um modo geral, com relação às novas tecnologias, há um tratamento igualmente conservador, ou seja, ao mesmo tempo que são vistas como importantes, na prática consideram-nas como empecilho ou fonte de distração dos alunos nas aulas, especialmente os smartphones, que no geral se assemelham a um computador de mão. Existe todo um potencial de exploração desse e de outros equipamentos que simplesmente são ignorados pela escola. No Pará se chegou ao absurdo de deputados estaduais que compõem a Assembleia Legislativa aprovarem uma lei[4] que foi encaminhada pela governadora da época, proibindo que alunos levassem smartphones, tablets e congêneres para a escola com o fito de os alunos não atrapalharem as aulas:

> [...] Art. 1º Fica proibido o uso de telefone celular, MP3, MP4, PALM e aparelhos eletrônicos congêneres, nas salas de aula das escolas estaduais do Estado do Pará.
>
> Parágrafo único. Quando a aula for aplicada fora da sala específica, aplica-se o princípio desta Lei (Governo do Pará, 2009).

Em que pese essa negação da tecnologia, muitos profissionais comprometidos com uma educação de qualidade e atentos aos desdobramentos dessa verdadeira revolução tecnológica incorporaram em sua prática docente a utilização dos supramencionados equipamentos. Eles resistem às proibições e utilizam as novas tecnologias, apesar de todas as dificuldades inerentes a essa opção metodológica. Para Veen e Vraakking (2009, p. 11), os docentes têm papel fundamental nesse processo, pois, de acordo com os autores: "Para os professores, é uma viagem empolgante participar dessas mudanças, que vão além das adaptações das práticas tradicionais, nas quais o papel das novas tecnologias será proeminente".

Dizer que as novas tecnologias terão papel proeminente não quer dizer que as aulas presenciais serão abolidas em nome de uma suposta adequação à modernidade. Claro que equipamentos

---

[4] Lei 7.269, de 6 de maio de 2009, publicada no *Diário Oficial do Estado do Pará* em 8 de maio de 2009.

como smartphones, notebooks, tablets serão mais um dos variados recursos didáticos disponíveis para professores e alunos, além dos recursos como o livro didático, quadro, caneta, cadernos, o que nos leva a considerar que as TICs, nesse caso, estarão a serviço da educação e não o inverso. Essa é uma necessidade que a escola precisa estar atenta para garantir um espaço especial na vida dos nossos alunos, tendo em vista que a nova geração que ingressou no sistema educacional nasceu em meio às mudanças proporcionadas pelas novas tecnologias:

> A nova geração, que aprendeu a lidar com novas tecnologias, está ingressando em nosso sistema educacional. Essa geração, que chamamos geração Homo zappiens, cresceu usando múltiplos recursos tecnológicos desde a infância: o controle remoto da televisão, o mouse do computador, o minidisc e, mais recentemente, o telefone celular, o iPod e o aparelho de mp3. Esses recursos permitiram às crianças de hoje ter controle sobre o fluxo de informações, lidar com informações descontinuadas e com a sobrecarga de informações, mesclar comunidades virtuais e reais, comunicarem-se e colaborarem em rede, de acordo com suas necessidades (Veen; Vrakking, 2009, p. 12).

Portanto, é natural que esses alunos tenham maior familiaridade com essas novas tecnologias e que as utilizem em seu dia a dia, com a naturalidade de quem bebe um copo d'água. Negar ou impedir o acesso dos alunos às tecnologias pode ser uma atitude desastrosa por parte da instituição escolar, uma vez que a sociedade a reconhece como uma das mais importantes instituições sociais. Sobre isso, Kurtz e Silva afirmam que os professores podem e devem articular o ensino com as TICs, não importando em qual contexto os alunos estejam inseridos, devendo superar a falta de conhecimento que os docentes têm em relação às novas tecnologias:

> Sem a pretensão de ditar regras ou prescrever como os profissionais da educação devem agir, é necessário ter clareza de que, quando o assunto é

articular ensino e tecnologia, para muitos educadores, o primeiro movimento é a não utilização pelo simples fato de desconhecerem suas potencialidades para o ensino, ou mesmo rejeitar um conhecimento envolvendo o contexto social em que estão inseridos, como apontam alguns estudos (Kurtz; Silva, 2018, p. 7).

Por isso, a instituição escolar precisa se antecipar e dar oportunidade para que a juventude tenha as portas abertas para estabelecer relações nas redes por meio das tecnologias, quebrando o paradigma da inércia da escola com relação à utilização das tecnologias em sua estrutura de ensino, pois, Veen e Vrakking destacam que:

> O Homo zappiens parece considerar as escolas instituições que não estão conectadas ao seu mundo, como algo mais ou menos irrelevante no que diz respeito à sua vida cotidiana. Dentro das escolas, o Homo zappiens demonstra um comportamento hiperativo e atenção limitada a pequenos intervalos de tempo, o que preocupa tanto pais quanto professores. Mas o Homo zappiens quer estar no controle daquilo com que se envolve e não tem paciência para ouvir um professor explicar o mundo de acordo com suas próprias convicções. Na verdade, o Homo zappiens é digital e a escola analógica (Veen; Vrakking, 2009, p. 12).

A pouca interação com os recursos tecnológicos no processo educacional demonstra que a escola básica precisa avançar no campo das tecnologias. No entanto, essa deficiência é a consequência da falta de políticas públicas e de investimentos na educação, na formação de professores e da aquisição de tecnologias para as instituições escolares, o que vem causando grande prejuízo e criando dualidades como a discrepância entre o digital (alunos) e o analógico (escola), que tem se acentuado nos últimos anos com o aumento do número de jovens que abandonam a escola e/ou reprovam a mesma série inúmeras vezes, fenômeno que popularmente tem sido denominada como geração "nem-nem", ou seja, não estudam nem trabalham.

Em reportagem da *Agência Brasil*, veiculada no portal de notícias *Infomoney*, o Brasil possuí quase 40% dos jovens nessa condição:

> O Brasil é o segundo país, de um total de 37 analisados, com maior proporção de jovens, com idade entre 18 e 24 anos, que não estudam e não trabalham. O país fica atrás apenas da África do Sul. Na faixa etária considerada no relatório da Organização para a Cooperação e Desenvolvimento Econômico (OCDE), 36% dos jovens brasileiros não estudam e estão sem trabalho (Infomoney, 2023).

Essa condição, conforme pesquisa da Organização para a Cooperação e Desenvolvimento Econômico (OCDE), é mais comum nas camadas mais pobres da população brasileira, aprofundando ainda mais as desigualdades sociais em nosso país:

> A situação dos jovens que não estudam, não trabalham e nem procuram trabalho tem relação com a origem socioeconômica. É comum entre os jovens de famílias mais pobres. A maioria são jovens mulheres, que tiveram que deixar de estudar e não trabalhavam para poder exercer tarefas domésticas, criar filhos ou cuidar de idosos ou outros familiares, reforçando esse valioso trabalho, que não é reconhecido como deveria. Nas famílias mais ricas, nessa condição estão jovens de faixa etária mais baixa, geralmente no momento em que estão se preparando para a faculdade", afirma a socióloga Camila Ikuta, técnica do Departamento Intersindical de Estatística e Estudos Socioeconômicos (Dieese) (Infomoney, 2023).

As mulheres (gênero) e os negros e pardos (raça) formam o grosso dessa geração, conforme levantamento feito pela Subsecretaria de Estatísticas e Estudos do Trabalho do Ministério do Trabalho e Emprego:

> [...] dos 207 milhões de habitantes do Brasil, 17% são jovens de 14 a 24 anos, e desses, 5,2 milhões estão desempregados, o que corresponde a 55%

das pessoas nessa situação no país, que, no total, chegam a 9,4 milhões. Entre os jovens desocupados, 52% são mulheres e 66% são pretos e pardos. Aqueles que nem trabalham nem estudam – os chamados nem- nem – somam 7,1 milhões, sendo que 60% são mulheres, a maioria com filhos pequenos, e 68% são pretos e pardos (Infomoney, 2023).

A incorporação das novas tecnologias ao processo de ensino aprendizagem tem se tornado uma esperança para a melhoria do processo educacional, vista como a panaceia para todos os males aos quais as escolas do Brasil afora enfrentam, especialmente aquelas sob a responsabilidade das prefeituras e governos estaduais. É importante dizer que essa visão romantizada do uso das tecnologia não pode tomar conta de um debate tão crucial para a educação em nosso país. A nossa defesa é a de que a escola busque falar uma linguagem acessível e atraente para as novas gerações, para que elas se sintam contempladas e restituam ao ambiente escolar a mesma importância que outrora essa instituição gozou entre os alunos, mostrando os benefícios e malefícios do uso das TICs.

Os desafios para que isso ocorra são imensos, a começar pela precária formação dada aos futuros professores em relação à utilização de novas tecnologias no processo de ensino aprendizagem, seja por conta de currículos que não fomentam essa discussão, seja pela visão acrítica das TICs e de sua utilização:

> Logo, devem ser explicitadas as potencialidades e limitações das tecnologias, como novas formas de linguagem, no âmbito educacional, pelo fato de estas poderem ser exploradas para facilitar ou impedir o acesso ao conhecimento e ao poder social. Para tanto, é necessário questionar o papel da educação e da universidade em meio a esse contexto; como se formam – ou deveriam ser formados – os professores que irão atuar em uma sociedade permeada, caracterizada, e mesmo transformada por TICs, e até que ponto esses professores – e seus formadores – percebem limites e potencialida-

des das TICs, concebendo- -as não simplesmente por seu caráter instrumental (aprender "sobre" as TICs), mas seus aspectos políticos e sociais na sociedade, como destaca Matos (2001) (aprender "com" as TICs) (Kurtz; Silva, 2018, p. 10).

Ser atraente, no caso da instituição escolar, não é abrir mão de seu papel na primordial tarefa de levar aos alunos todo o conhecimento historicamente construído e sistematizado pelas mais diferentes ciências, é, antes de tudo, o reconhecimento da importância das novas gerações na continuidade do desenvolvimento científico e tecnológico que se refletirá num ensino mais dinâmico e proveitoso.

Visto que a sociedade tem projetado seu desenvolvimento com base nas TICs, o mercado cada vez mais tem suas relações desenvolvidas nesse ambiente. Nesse sentido, o processo educacional precisa também estar acompanhando essa inovação; entretanto as administrações públicas pouco têm feito para que as instituições de ensino avancem nessa direção.

Na escola estadual em que trabalho, por exemplo, foi instalada uma antena do projeto NAVEGA PARÁ[5], que era uma proposta do Governo do Estado do Pará para a disponibilização de internet de graça para repartições públicas e para população, excluídos da era digital, mas que ao término do mandato da governadora que o implementou, o projeto foi abandonado e hoje a escola depende do contrato com uma empresa privada para ter acesso à internet, que atende parcialmente as necessidades das funções administrativas da escola.

---

[5] De acordo com informações constantes no site do Governo do Estado do Pará, o Navegapará "É uma iniciativa do Governo do Estado do Pará para promover a Inclusão Social através da Inclusão Digital, a democratização do acesso à Internet pelos órgãos de Governo e pela sociedade, possibilitando a implantação do governo digital e a aproximação do cidadão das políticas públicas eletrônicas. É composto por ações de Inclusão e Cidadania e por ações estruturantes que interligam redes dentro do Estado do Pará através de diversas tecnologias de telecomunicações, como rádio e fibra óptica, possibilitando o acesso e a disponibilização de serviços públicos digitais, por meios de sistemas e outras soluções web, em diversas regiões do Estado. O NAVEGAPARÁ é um importante programa de integração e desenvolvimento para o Estado do Pará, pois além de permitir a adoção de novas tecnologias para melhorar a comunicação entre municípios, melhora a qualidade dos serviços públicos prestados, modernizando a gestão e aumentando a eficiência, melhorando a qualidade de vida do cidadão paraense" (Governo do Estado do Pará, 2014).

Por isso, é urgente que mais políticas para a democratização do acesso a internet aconteçam, pois, é por meio delas que podemos nos conectar com as pessoas em diferentes partes do mundo por meios dos aplicativos de mensagens, popularizados no meio social.

1.2 Abordagens sociais por meio do aplicativo de mensagens WhatsApp

O WhatsApp, ou simplesmente Zap, como é popularmente chamado pelos brasileiros, foi criado em 2010 como alternativa às mensagens enviadas por meio do serviço de mensagens curtas, o *short message service* (SMS), no qual os usuários poderiam apenas enviar mensagens de texto, com determinado número de caracteres. De acordo com informações da empresa Meta, proprietária do WhatsApp e da rede de relacionamento Facebook, o aplicativo WhatsApp é utilizado por aproximadamente 2 bilhões de pessoas, espalhados por mais de 180 países. De acordo com Lopes e Vas:

> Criado pelo americano Brian Acton e o ucraniano Jan Koum, o WhatsApp rapidamente caiu no gosto popular despertando o interesse de seus concorrentes e de investidores, tanto que tal ferramenta foi vendida para o Facebook por cerca de 21 bilhões de dólares em fevereiro de 2014 e, de lá pra cá, seu executivo chefe Jan Koum, vem realizando várias alterações e atualizações no aplicativo, as quais vem conquistando mais e mais adeptos a cada dia (Lopes; Vas, 2016, p. 2).

O significado do nome WhatsApp é um trocadilho da expressão "What's up" em inglês, que significa "E aí?". Essa expressão é muito utilizada em vários idiomas e é uma forma coloquial usada para se dirigir a uma pessoa, independentemente de sua idade. Sabemos que expressões mais coloquiais são utilizadas mais pelos jovens, uma vez que são mais abertos a mudanças e neologismos na língua. Com o passar do tempo, essas expressões se popularizam e passam a ser utilizadas indistintamente por jovens e pessoas de mais idade, independente de classe social, gênero, religião etc.

Expressões estrangeiras são muito utilizadas no "mundo dos negócios" e no marketing, especialmente o dirigido aos jovens, sempre ávidos por novidades. Contudo essas expressões, geralmente em língua inglesa, têm pronúncias que muitas vezes não são bem assimiladas por pessoas que nunca tiveram aulas daquele idioma estrangeiro. Desse modo, a maioria dos brasileiros nomeiam esse aplicativo simplesmente de Zap.

Compatível com uma série de aparelhos, bem como com variados sistemas operacionais, o aplicativo do WhatsApp tem a capacidade de compartilhar entre seus usuários uma diversa lista de mídias: textos, arquivos, fotos, vídeos e áudios, além de possibilitar chamadas convencionais (apenas som) e chamadas de vídeo (som e imagem). Popularizou-se nos últimos anos com o avanço do acesso a redes de internet sem fio (Wi-Fi) e a tecnologia 4G. A esse respeito, Lopes e Vas afirmam que:

> WhatsApp em si não é uma rede social, pois sua estrutura é compatível com a definição de mídia social, porém esse aplicativo tem a capacidade de gerar incontáveis redes sociais através da formação de grupos em sua plataforma, fomentando de forma intensa a interação dos participantes, ou seja, os "atores sociais" envolvidos (Lopes; Vas, 2016, p. 3).

O WhatsApp é um sucesso por causa da grande possibilidade de sua utilização para veicular informações. No nosso país, é utilizado para as mais diversas finalidades: comunicação entre amigos, familiares, vendas de produtos, para resolver assuntos do local de trabalho, para ministrar aulas e tirar dúvidas dos alunos, para atendimento médico dentre outras possibilidades.

Mais recentemente, vem sendo usado como ferramenta envolvida no jogo político do país, como ressaltado na TV247. Em entrevista concedida aos jornalistas Rodrigo Vianna, Marcelo Auler e Tereza Crunviel para o referido canal, no programa Boa Noite 247, o ex-ministro da justiça, o maranhense Flávio Dino[6], afirmou que

---

[6] Recentemente, o presidente da República, Luís Inácio Lula da Silva, indicou o supracitado político ao cargo de ministro do Supremo Tribunal Federal. Em seu lugar foi empossado o ex-ministro do

a utilização do aplicativo de mensagens instantâneas possibilitou a desarticulação da tentativa de golpe de estado perpetrada em 8 de janeiro de 2023 por seguidores do ex-presidente da República Jair Messias Bolsonaro (Flavio, 2023).

O ex-ministro da Justiça afirmou que a articulação para a intervenção federal na área de segurança do Distrito Federal foi assinada pelo atual presidente, Luiz Inácio Lula da Silva, por meio do WhatsApp. O ex-ministro pediu que o presidente Lula assinasse o decreto que ele redigiu e mandasse a foto do documento devidamente assinado via referido aplicativo. Por fim, o político maranhense asseverou, em tom de brincadeira, que só ocorreu o golpe civil-militar de 1964 no Brasil porque não existia WhatsApp.

Como bem sabemos, por mais que existisse tal aplicativo na época, não impediria o golpe que instaurou uma ditadura de 21 anos em nosso país, dado o contexto bem divergente do atual, o que merece uma análise à parte. Porém, como não é nosso objetivo no momento, deixaremos como sugestão aos interessados.

No entanto, é bom que se diga que não foi apenas o golpe evitado pelo aplicativo: a sua articulação se deu utilizando-se do WhatsApp. Grupos bolsonaristas[7] articularam as caravanas até Brasília, sede dos três poderes, e transmitiram fotos, vídeos e fizeram lives na internet utilizando-se das ferramentas que o WhatsApp proporciona. Recuando no tempo, veremos que, na verdade, a ascensão de governos de extrema-direita ou mais conservadores em vários países se deu num contexto de utilização das redes sociais para a disseminação de notícias falsas, as famigeradas fake news, que determinaram o sucesso nos processos eleitorais desses grupos políticos.

---

supramencionado tribunal, Ricardo Lewandowski. Contudo, este só tomou posse em fevereiro de 2024.

[7] Bolsonaristas: são os apoiadores do ex-presidente Jair Messias Bolsonaro, também chamados de "Bolsominions", em alusão aos personagens "Minions" da franquia *Meu malvado favorito*, no qual o personagem principal comete inúmeras maldades e mesmo assim possuí um grande número de fiéis seguidores. Esses bolsonaristas atacavam os desafetos e críticos do supracitado político brasileiro, e no espectro político podemos classificá-los como adeptos de uma posição política ultraconservadora e reacionária, e em alguns casos abertamente fascista. Eles foram responsáveis pelos ataques aos prédios dos três poderes em Brasília, no dia 8 de janeiro de 2023.

Exemplar é o caso dos Estados Unidos da América e da eleição do ex-presidente e político conservador Donald Trump. Segundo reportagem publicada pelo G1 (Rússia..., 2021) houve influência da Rússia e Irã nas eleições presidenciais que garantiram a vitória do político republicano. Os russos atuaram em diferentes frentes e uma delas foi a de produzir e distribuir notícias falsas, divulgadas nas redes sociais. Contando com o apoio da empresa Cambridge Analytica, Trump conseguiu direcionar, por diversos meios, materiais e notícias contrárias a sua adversária, a democrata Hillary Clynton.

Caso semelhante ocorreu no Brasil, nas eleições de 2018 que conduziram o ex-militar e Deputado Federal por vários mandatos Jair Messias Bolsonaro à presidência, utilizaram-se em larga escala notícias falsas disparadas em massa nos grupos de WhatsApp. Palavras perniciosas de dúbio sentido como "kit gay", "mamadeiras de piroca" e congêneres ganharam espaço destacado no debate nacional e deixaram importantes pautas em segundo plano, que ganharam grande notoriedade devido à forma de divulgação massiva por meio das redes sociais e aplicativos de mensagens como o WhatsApp.

Em que pese a relevância do uso do aplicativo na política, nosso interesse recaí sobre a utilização do WhatsApp como ferramenta pedagógica. A esse respeito tenho a convicção que não só é possível utilizar tal aplicativo como o fito de ter mais uma ferramenta no processo educacional, como é desejável, haja vista a popularidade do *WhatsApp* entre os estudantes, especialmente os jovens.

Como qualquer outra ferramenta didática ou material pedagógico de apoio utilizado em sala de aula, o uso do aplicativo deve ser planejado e avaliado em seus limites e possibilidades, uma vez que sabemos dos possíveis transtornos ao utilizar aparelhos telefônicos durante as aulas, o que pode ser fator de dispersão entre os estudantes. A esse respeito:

> A UNESCO, o braço educacional, científico e cultural da ONU, no entanto, afirma que há evidências de que o uso excessivo de celulares está relacionado

à redução do desempenho educacional. A agência alega que passar muito tempo em frente às telas, seja na escola ou em sala de aula, gera um efeito negativo na estabilidade emocional das crianças. O posicionamento da UNESCO acontece em um momento em que os países começaram a proibir os smartphones nas salas de aula, como França, Itália e Finlândia. As opiniões são divididas sobre a proibição total dos celulares, que se tornou uma importante fonte de educação para o mundo durante a pandemia do COVID-19 (Romani; Lecuyer, 2023).

Existem vários estudos que embasam essas decisões dos países supracitados, conforme apresentam as autoras:

> De acordo com uma pesquisa da London School of Economics, a proibição de telefones celulares nas escolas resultou em pontuações mais altas nos testes, com os alunos de baixo desempenho sendo os mais beneficiados. Outro estudo publicado pela Universidade de Chicago constatou que a simples presença de celulares reduz a capacidade cognitiva das pessoas. Já um estudo realizado na Espanha concluiu que a proibição de telefones celulares nas escolas levou a uma queda nos incidentes de bullying. Resultados parecidos foram encontrados por pesquisadores na Noruega. Escolas adotaram medidas restritivas quanto ao uso de telefones celulares observaram efeitos positivos na socialização dos alunos (Romani; Lecuyer, 2023).

Contudo, não vejo como o caminho adequado negar o uso das TICs em sala de aula. Na verdade, a escola deve deixar claro aos estudantes o importante papel da tecnologia e problematizar seu uso e seu acesso, inclusive levá-los a questionar a quem serve toda essa tecnologia e os benefícios e malefícios do uso dela. O excerto a seguir lança luz sobre essas questões:

> Este cenário realça um otimismo, que poderíamos adjetivar como eufórico e até leviano, de que com o uso das TIC´s a chamada "Sociedade da

Informação" seria capaz de formar um mundo mais democrático e solidário. No entanto, o que se observa é a implantação de um processo totalitário, que quer dominar o mercado, as técnicas, a política, a partir do modelo dos países "centrais" (Mnemosyne et al., [20--?], p. 4).

Esses países centrais são responsáveis pelo desenvolvimento e difusão dessas tecnologias e elas, por sua vez, via de regra, são produzidas em países periféricos nos quais há uma exacerbada exploração da mão de obra e constantes violações aos mais elementares direitos trabalhistas, visto que nesses países a legislação, que deveria proteger os trabalhadores, é mínima ou até mesmo inexistente. No mundo globalizado em que vivemos, não há como conceber a não utilização das tecnologias, porém elas devem ser usadas com criticidade e objetivos bem-definidos, seja dentro ou fora da escola. Dito de outro modo, não podemos alienar nem nos deixarmos alienar pelas tecnologias, que no geral servem para garantir a acumulação de capital, seja pela venda, seja para que elas sejam utilizadas para aumentar as chamadas "produtividade" e "lucratividade" nas empresas e demais locais de trabalho. No que diz respeito ao fenômeno denominado "Globalização", os autores supracitados fazem a seguinte reflexão:

> A globalização, o ponto máximo da internacionalização do capitalismo neoliberal, é a imposição de uma forma de relação econômica que valoriza a competitividade, o consumo, a informação, a desterritorialização e as comunicações transfronteiras. Não será tudo isso tão virtual quanto a realidade criada por um computador? Seria a globalização uma nova metanarrativa, visto que, não está ao alcance de todos e impõe um ponto de vista que se diz democrático, mas que tenta realçar o padrão dos países centrais como se este fosse o ideal para toda e qualquer cultura? (Mnemosyne et al., [20--?], p. 4).

Em minha experiência docente, utilizo o smartphone como recurso pedagógico desde meados de 2015, em função de um problema grave, que, diga-se de passagem, vem se acentuando ano após ano: a falta de livros didáticos para os alunos em sua totalidade, ou seja, o envio, por parte do Ministério da Educação (MEC), que é o responsável pela compra e envio desses materiais, de quantidade insuficiente para atender ao quantitativo de alunos. Apesar de a política de estado denominada Plano Nacional do Livro Didático (PNLD) ser uma das mais longevas na área educacional e até mesmo da República, resistindo a alternância dos mais diversos governos, há falhas que necessitam de correção.

Isso ocorre, segundo as direções escolares, em função de o MEC se basear no censo escolar do ano letivo anterior. No caso da escola da rede estadual de ensino em que trabalho, a cada ano aumenta a oferta de vagas, tendo em vista o aumento da demanda, fato ocasionado por uma série de fatores, com destaque para a reforma do prédio pela qual a instituição passou e pelo trabalho pedagógico desenvolvido.

A utilização do smartphone era necessária por conta de eu disponibilizar materiais didáticos em formato *Portable Document Format* (PDF). No geral tive êxito nessa utilização, porém algumas observações são necessárias: dispersão pela utilização de outros recursos dos aparelhos (fotos, internet, mp3, jogos etc.), ligações indesejadas no meio da aula, parte da turma não possuía aparelho, reclamação de outros professores no âmbito da utilização e permissão da escola para que os alunos trouxessem seus smartphones, etc.

Em que pesem esses riscos, há mais vantagens do que desvantagens na sua utilização, inclusive há várias experiências Brasil afora que corroboram para a afirmação feita. Entendo que nós, como membros da escola, não podemos "remar contra a maré", ou seja, negar o uso das tecnologias e defender uma escola tradicional, calcada em recursos didáticos seculares. Isso é um erro gravíssimo. A escola, enquanto local de construção do conhecimento e aprendizado, deve proporcionar aos educandos oportunidades para que eles possam utilizar toda tecnologia que está ao seu alcance em prol da aquisição de novos saberes e habilidades.

Ensinar aos alunos como se utilizar corretamente da tecnologia, seus benefícios e perigos, seu lado bom e ruim, seus limites e possibilidades é justamente um dos desafios da escola na atualidade. Historicamente, nosso país importa métodos e/ou práticas pedagógicas utilizadas e desenvolvidas em outros países sem problematizá-los. A meritocracia no ensino é um belo exemplo. Nos Estados Unidos da América, onde foi elaborada e disseminada, a meritocracia não surtiu os efeitos propalados e foi alvo de críticas pelas autoridades recentemente. Essas críticas fizeram com que essa metodologia baseada na premiação dos "melhores" (alunos, professores e escola) fosse abandonada pelo país norte-americano.

No Brasil, ainda estamos "engatinhando" no uso das TICs em sala de aula. A Suécia, país do norte da Europa, recentemente recuou na utilização dessas tecnologias, e os motivos para reverter uma educação cem por cento digital foram: queda no desempenho dos estudantes suecos nos exames internacionais de leitura, preocupação de médico com relação aos efeitos do uso excessivo de telas por crianças e adolescentes, dificuldades dos pais em ajudarem os filhos nas tarefas de casa, uma vez que com os livros físicos é mais fácil acompanhar o que foi trabalhado nas escolas, e, por fim, e não menos importante, há estudos que mostram como a leitura em livro físico desenvolve mais a cognição do que a leitura realizada por meios digitais.

Em que pesem essas questões, as autoridades suecas reconhecem a importância da utilização dos recursos digitais na educação:

> A ministra Edholm escreveu, em um artigo no jornal "Expressen", que a educação 100% informatizada "foi uma grande experiência", mas que "houve uma postura acrítica [do governo anterior] de considerar a tecnologia necessariamente boa, independentemente do conteúdo". "Recursos didáticos digitais, se usados corretamente, apresentam certas vantagens, como combinar imagem, texto e som. Mas o livro físico traz benefícios que nenhuma tela pode substituir", afirmou a ministra (Por que..., 2023).

Há de se ressaltar que a utilização do WhatsApp como recurso pedagógico depende de uma série de fatores que não dependem do professor e/ou escola, mas envolvem investimentos como: o acesso a redes de internet, a disponibilidade das mesmas na escola, a aquisição e/ou fornecimento por parte dos governos de aparelhos tais como tablets, notebooks ou smartphones por parte dos alunos ou dos responsáveis legais dos mesmos etc.

O emprego dessa tecnologia, que em muitos espaços da sociedade ainda é novidade, é fundamental para que nossos alunos e até mesmo a escola acompanhe o ritmo que boa parte dos países desenvolvidos está experimentando. Entretanto, sabemos que a maioria das escolas públicas não possui acesso à internet e as que possuem não têm de boa qualidade, geralmente ficando seu uso restrito aos espaços administrativos do ambiente escolar (secretarias, sala dos professores, sala da coordenação, sala da direção etc.).

Na casa desses alunos a situação não é diferente: muitos não possuem acesso a rede de alta velocidade, usufruindo, quando há crédito, da internet das operadoras de telefonia móvel, que todos sabem não oferta internet de qualidade nas periferias das grandes cidades. O tão propalado 5G já é realidade em algumas cidades do país, contudo a maioria dos brasileiros ainda não teve acesso à tecnologia anterior, ou seja, ao 4G.

Some-se a isso a falta de recursos de muitos alunos para adquirirem um aparelho que o conecte a rede mundial de computadores. Além da baixa renda do trabalhador brasileiro, a maioria desses produtos é importada e sua cotação é feita na moeda estadunidense (Dólar), o que faz com que muitos não tenham condições financeiras de comprar um aparelho.

Durante a pandemia do novo coronavírus (covid-19), em que as aulas se tornaram remotas, várias escolas adotaram o WhatsApp como estratégia de manutenção das aulas e o que vimos foi que muitos alunos ficaram excluídos por não terem aparelhos e/ou internet. Vimos também, como profissionais da educação, que nosso tempo de trabalho se ampliou, pois em muitos lares as crianças e adolescentes não possuíam aparelhos e tinham que esperar os pais chegarem do trabalho para poderem acompanhar as aulas e fazerem suas atividades.

Por diversas vezes atendi alunos e país em horário de descanso para garantir a eles o direito de aprender. Se não fosse assim, a evasão escolar seria ainda maior. Diga-se de passagem, a maioria dos colegas agira do mesmo modo, tendo que reinventar sua prática docente em meio ao caos e às perdas de entes e amigos para a covid-19.

Mesmo que tivéssemos um cenário ideal, ou seja, que todos os alunos tivessem aparelhos e internet de qualidade, cabe perguntar: isso garantiria o sucesso do processo ensino-aprendizagem? Atrevo-me a responder: não!

As aulas remotas comprovaram que a interação entre alunos e professores e entre os alunos é fundamental para garantir o sucesso no processo de ensino- aprendizagem. Nas aulas presenciais, criam-se laços que estão para além do simples conviver em coletividade: laço de solidariedade, de companheirismo, de amizade etc. A afetividade é um dos pilares para que o aluno se sinta acolhido e confortável no espaço escolar.

Como na pandemia não tínhamos muita escolha, ou seja, ou as aulas eram remotas ou não haveria ensino e aprendizagem, coube a cada professor/escola/rede de ensino escolher a melhor e/ou mais acessível forma de garantir que os alunos não ficassem sem os conteúdos escolares. Passada a pandemia e retomadas as aulas presenciais, qual seria o legado dessas experiências online? Algo desse período poderia ser aproveitado ou essas metodologias e ferramentas são incompatíveis com as aulas tradicionais do ambiente escolar? Essas e outras perguntas tentarei responder no tópico seguinte.

1.3 O emprego do WhatsApp na educação básica

Pela experiência que tive com aulas no formato remoto durante a pandemia, verifiquei que são muitas as plataformas e recursos digitais que podemos utilizar para o ensino remoto, entretanto, devido ao WhatsApp ser o aplicativo mais utilizado pelos alunos da escola pública, por sua popularização e facilidade no manuseio, optei por utilizá-lo como ferramenta-alvo de trabalho pedagógico do presente trabalho.

Várias experiências de utilização do aplicativo como ferramenta auxiliar no processo ensino aprendizagem foram registrados no Brasil, no geral de forma exitosa, como podemos observar nas conclusões de Lopes e Vas:

> A construção do conhecimento histórico dentro do ambiente virtual dos grupos do WhatsApp, se materializa como extensão da sala de aula, ao passo que conteúdos da disciplina de História que são trabalhados em sala (ambiente formal de aprendizagem), podem ser explorados mais efetivamente por muitas outras formas e meios possíveis, através da interação contínua entre alunos e professor, perpassando pela ação constante de acesso dos conteúdos, informações e pesquisas dentro do universo da internet/web que promovem a interação, compartilhamento e reconstrução de sentidos e consequentemente construção de conhecimento que se alimenta e refaz a partir da mobilidade, ubiquidade e cooperação, decorrentes do uso pedagógico do aplicativo, criando possibilidades de coautoria e coprodução de conhecimento, elementos marcantes da aprendizagem colaborativa (Lopes; Vas, 2016, p. 11).

Outros estudiosos sobre o tema concordam com os autores mencionados, como podemos ver no caso de Martins e Gouveia, que avaliaram a utilização do WhatsApp como recurso pedagógico nas aulas, utilizando-se da metodologia Sala de Aula Invertida (SAI):

> A SAI apresenta uma série de benefícios para os envolvidos no processo de ensino e aprendizagem, alunos, professores e pais. No que diz respeito aos alunos, substitui a aprendizagem passiva por uma

> aprendizagem ativa, apresenta melhorias nas avaliações, aumenta a responsabilidade dos alunos, os alunos podem trabalhar em seu próprio ritmo de aprendizado, promove o desenvolvimento de habilidades de comunicação, trabalho em equipe e colaboração de ideias. O professor por sua vez tem a possibilidade de melhorar a interação com seus alunos, refletir e melhorar suas aulas a partir da gravação de videoaulas (Martins; Gouveia, 2019, p. 256).

Não ignorando a importância de se discutir novas metodologias para o ensino, não só no componente curricular História, mas em todas as matérias que compõem o currículo da Educação Básica, não é o objetivo deste livro analisar os prós e contras da SAI, ficando a cargo dos interessados investigar os limites e possibilidades de mais uma das várias metodologias que surgiram nos últimos anos na área educacional. Sobre a experiência com o aplicativo da empresa Meta, os autores afirmam:

> Outro ponto importante verificado foi que o WhatsApp melhorou a interação entre os alunos, e entre o professor e os alunos, possibilitando conhecê-los melhor. Entre as possíveis limitações apontadas pelos alunos, destaque para os problemas de ordem financeira e técnicas, apesar de a tecnologia estar bastante acessível, não foi o caso, mas pode excluir algum aluno que não disponha de smartphone, plano de internet em seu celular ou internet em sua residência. Apesar de não relatado pelos alunos, um outro problema que pode ocorrer é que o aluno pode se dispersar com outros conteúdos disponíveis que não tem nada a ver com o estudo (Martins; Gouveia, 2019, p. 261).

Esse é um importante questionamento que devemos nos fazer antes de propor a utilização do aplicativo em nossas aulas. Será que todos os alunos terão acesso a internet? Será que, antes de tudo, eles dispõem de equipamentos que lhes permitam acessar internet, tais como tablets, notebooks, computadores desktops e smartphones?

Dispondo de ambos, será que a internet terá a qualidade (velocidade e estabilidade) necessária para o desenvolvimento das atividades em sala de aula? Como se dará esse acesso? A escola garantirá esse acesso ou os alunos e os seus responsáveis terão que custear essa despesa?

Como os professores e a própria escola irão reagir à inclusão dessa ferramenta no ensino? Martins e Gouveia também refletiram sobre esses questionamentos e no geral apostam na ferramenta, pois em suas experiências houve um aumento nas notas e no aprendizado dos alunos, além de preencher uma importante lacuna, muitas das vezes só preenchida por modernos e caríssimos ambientes virtuais de aprendizagem:

> A estratégia gerou um ambiente favorável ao processo ensino- aprendizagem, tornando os alunos mais independentes do professor. A comunicação entre eles por meio do WhatsApp permitiu uma aprendizagem mais autônoma, possibilitando maior interação no compartilhamento de conteúdo e materiais, mensagens instantâneas, oportunidade de fazer upload de arquivos, discussões e receber notificações instantâneas, na discussão das dúvidas e nas compreensões e reflexão dos conteúdos. Muitas escolas, principalmente as da rede pública, nem sempre podem contar com o suporte de um ambiente virtual de aprendizagem. Podendo utilizar o WhatsApp como uma alternativa prática que se encontra disponível com seus alunos, em conjunto com a metodologia SAI, que pode ser utilizada em qualquer área de ensino (Martins; Gouveia, 2019, p. 262).

Importante mencionar que, apesar de a minha proposição explorar apenas um recurso do WhatsApp, no caso as mensagens de áudio, o referido aplicativo de mensagens também possibilita tirar dúvidas dos alunos, bem como enviar materiais em PDF, links para vídeos, páginas e arquivos etc. Como também fizeram os autores supracitados.

Das cinco escolas em que trabalhava no período da pandemia de covid-19, uma adotou a plataforma Google Sala de Aula, outra o Facebook e as demais grupos de WhatsApp. Com três tipos de plataforma/aplicativo, procurei refletir sobre como poderia desenvolver o mesmo trabalho, uma vez que quatro delas fazem parte da rede municipal de ensino em Ananindeua e, nessa esfera, possuía as mesmas séries, ou seja, turmas de 3ª e 4ª etapas da EJA.

Tanto a plataforma Google Sala de Aula como o Facebook permitem a transmissão em tempo real de vídeos (imagem e som), porém nem todos os alunos tinham disponibilidade de estarem online no horário de aula. Além do mais, não poderia utilizar essa estratégia nos grupos de WhatsApp, a não ser que enviasse link para que eles saíssem do referido aplicativo e adentrassem em outro aplicativo/plataforma.

Isso poderia gerar uma exclusão ainda maior, uma vez que muitos alunos tinham acesso à internet limitado, pois seus planos garantiam livre utilização no WhatsApp e a utilização de outras plataformas/aplicativos geraria um consumo excessivo do pacote de dados dos mesmos.

Observando a experiência das primeiras aulas que dei de maneira remota no contexto da pandemia, percebi que era insuficiente apenas enviar apostilas e outros materiais escritos, pois eles não são autoexplicativos. Na verdade, a explicação é o cerne de qualquer matéria escolar. Então como fazer essa explicação chegar até o aluno? Como não os deixar apenas fazendo a leitura individual do material escrito produzido por mim? Como fazer isso sem precisar utilizar o recurso de transmissão ao vivo?

Foi nesse contexto que tive a ideia de gravar as aulas em áudios — descartei gravar vídeos devido às precárias condições de produção que possuía e da capacidade de reprodução dos aparelhos dos meus alunos, uma vez que arquivos de vídeo são, geralmente, bem mais "pesados" que arquivos de áudio — e depois enviá-los como se fossem aqueles que geralmente enviamos quando estamos conversando com alguém no WhatsApp.

Esses áudios, com a explicação dos assuntos, seriam pré-gravados, para que não ocorressem interrupções desnecessárias se fossem feitos na hora da aula e para que não ficassem muito longos (coloquei como limite máximo 10 minutos) e com baixa qualidade do som. Como a maioria das pessoas estava em casa, por conta das medidas de restrição impostas pelos governos, havia a dificuldade de lidar com barulhos dos vizinhos, uma vez que à época residia em um condomínio de apartamentos. A solução encontrada foi me isolar em meu quarto e ligar o aparelho de ar condicionado para que ficasse protegido dos ruídos externos. Isso garantiu o mínimo de qualidade nos áudios.

A opção pela gravação antecipada se deu, também, em virtude da possibilidade de enviar aos alunos que por qualquer motivo não tivessem a condição de estar online no horário da aula com a explicação do assunto trabalhado naquela aula. Além disso, esse formato pré-gravado permitiria ao aluno ouvir a explicação quantas vezes quisesse e no horário que melhor lhe convinha. Essa estratégia poderia ser muito útil na consolidação do aprendizado, haja vista que cada aluno tem seu ritmo próprio.

O balanço que fiz dessa experiência foi muito positivo, pois vários alunos elogiaram o trabalho e teceram críticas negativas aos professores que apenas disponibilizaram materiais em forma de textos, que, como mencionei não são autoexplicativos, carecendo de uma explicação do assunto, que é o cerne de qualquer aula de qualidade.

A possibilidade de revisitar o conteúdo, mais especificamente a explicação sobre ele, também foi muito elogiada pelos alunos, principalmente por aqueles que faltavam às aulas no horário estipulado pelas respectivas escolas em que trabalhava. Na verdade, os áudios gravados com a explicação do conteúdo eram material complementar ao texto elaborado por mim e enviado aos alunos no início da aula. Pedia que eles fizessem a leitura do texto e após alguns minutos eu enviava o áudio com a explicação do assunto em questão. Após esse procedimento, perguntava aos alunos se alguém tinha alguma dúvida relacionado ao assunto e, após tirar essas dúvidas, a aula era encerrada.

Essa experiência foi realizada em um contexto específico, quando as aulas presenciais foram suspensas em função da pandemia do novo coronavírus que assolou o mundo inteiro, especialmente nosso país, que em virtude de uma política negacionista fez dele o maior em número de vítimas. Passado esse quadro sombrio e a vida voltando ao "normal", com a retomada das aulas presenciais, cabe a pergunta: essa experiência pode ser posta em prática novamente? O uso dos variados recursos disponibilizados pelo aplicativo de mensagens WhatsApp pode ajudar no processo de ensino aprendizagem ou foram apenas válidos num contexto em que o ensino remoto era a única opção de manutenção das aulas?

Primeiramente, é importante mencionar que a proposta que ora apresento não advoga a substituição das aulas presenciais pelo modelo de aulas remotas, pelo contrário, a pandemia e seus efeitos na educação são sentidos até hoje nas escolas de todo o mundo. Milhares de alunos nos mais variados países não adquiriram as habilidades e competências pertinentes às séries e aos níveis de ensino que cursaram durante a suspensão das aulas presenciais. A esse respeito:

> O Brasil foi um dos países em que as escolas permaneceram fechadas por mais tempo. Como esperado, também foi um dos países com maior impacto do fechamento das escolas sobre os desempenhos na aprendizagem escolar. Dados das avaliações oficiais corroboram tais evidências. A edição de 2021 do SAEB, por exemplo, revelou quedas em todas as avaliações realizadas em relação ao ano de 2019: língua portuguesa e matemática no 2º ano, 5º ano, 9º ano e ensino médio. Adicionalmente, houve importante taxa de insucesso (medida que combina os dados de reprovação e de abandono) no ensino médio público no ano de 2021, dado que não foi observado na rede privada (O impacto..., 2023).

Há uma forte discussão no meio educacional sobre a necessidade de as escolas fazerem a chamada "recomposição das aprendizagens"[8], visto que a escola, enquanto local privilegiado do processo ensino aprendizagem, não foi capaz de educar com qualidade no período em que o mundo foi assolado pelo vírus.

O fracasso das aulas remotas demonstra o quão importante é a interação dialógica entre professores e alunos e entre os últimos. A aprendizagem é um processo dialético com idas e vindas e multidimensional. A afetividade e a troca de experiências são condicionantes sem as quais o elo entre aquele que ensina e aquele que aprende não se fecha.

Em que pese essa constatação, não podemos ignorar que vivemos em um mundo conectado, que a virtualidade é parte integrante de nossas vidas e que o acesso e o domínio das novas tecnologias são itens obrigatórios numa educação que se pretende igualitária e libertadora. Desse modo, a minha defesa é que podemos e devemos utilizar essas metodologias e recursos largamente utilizados durante a suspensão das aulas presenciais face ao agravamento do contágio do novo coronavírus sem perder de vista que eles serão incorporados ao trabalho presencial já realizado nas escolas. Dito de outro modo: qualquer TIC pode e deve ser utilizada em sala de aula de modo a complementar e reforçar o processo ensino aprendizagem, desde que seja utilizada de forma bem planejada e de forma crítica, apontando seus limites e possibilidades.

Negar o uso desses artefatos em sala, seja por conta da alteração do contexto que os introduziu e/ou aprofundou sua utilização, seja por receio de seus possíveis efeitos negativos, é um erro grosseiro:

> Esta situação descreve um procedimento que é próprio dos processos cotidianos na cultura contemporânea. Uma vez que, as práticas culturais estão permeadas de artefatos digitais que não se resumem apenas as relações comunicacionais, mas a consolidação de novos modos de aprender e de acessar informação, abrindo assim a necessidade de inovação também nos modos de ensinar (Porto, 2017, p. 9).

---

[8] Para mais informações sobre a recomposição de aprendizagens, ver Recomposição (2023).

A renovação dos métodos de ensino é uma antiga reivindicação dos alunos, haja vista que a escola, no geral, parou no tempo e ainda utiliza metodologias tradicionais. Quando digo isto, não estou afirmando que o tradicional não funciona e deve ser abolido, é justamente o inverso: ele é o ponto de partida para a criação do moderno, pois este não surge do nada, não "cai do céu". A convivência entre o tradicional e o moderno não só é possível como desejável, dado que o primeiro precisa ser ressignificado e retirada toda a carga negativa que carrega. A introdução dessas novas tecnologias deve ser estimulada e, ao mesmo tempo, problematizada, tendo em vista que muitas formulações que defendem sua utilização não realizam um escrutínio sobre seus limites e possibilidades:

> [...] é preciso discutir qual o impacto do uso destes dispositivos na consolidação das práticas educativas na atualidade. Qual a potencialidade destes artefatos na medicação do trabalho docente? Como podem ser associados às metodologias de ensino e as práticas de pesquisa? Posto que, as possibilidades educacionais e comunicativas que surgem na cultura contemporânea, articuladas às mudanças sociais e ao desenvolvimento e popularização das tecnologias digitais móveis, são constantes e expressivas, ao passo que novas potencialidades também podem gerar novos problemas (Porto, 2017, p. 10).

Não podemos perder de vista que o professor é parte indispensável nesse processo, cabendo a ele não apenas intermediar o manuseio desses recursos por parte dos alunos, como também planejar e direcionar esse uso para que haja êxito no objetivo principal, conforme Porto em suas palavras nos alerta:

> [...] avançar o limite da superficialidade nos faz perceber que embora os mais jovens sejam nativos digitais e configurem suas práticas cotidianas com artefatos culturais da Cibercultura, eles não têm fluência digital para sua autoaprendizagem, necessitando assim da figura do mediador. Deste

modo, o papel do professor ou de algum mediador que articule a práticas culturais da Cibercultura para a promoção da aprendizagem sempre será eficaz e relevante (Porto, 2017, p. 11).

No caso específico do WhatsApp, sua utilização é recorrente na escola, uma vez que é usado para articular o trabalho dos professores e destes com o corpo diretivo da escola, com grupos criados pela direção da escola com o intuito de repassar informações, alinhar procedimentos e articular reuniões pedagógicas, bem como grupos criados para articular o contato entre os pais e responsáveis dos alunos com a escola e grupos criados entre os próprios alunos para a comunicação deles no âmbito do andamento das aulas, articulações de trabalhos em equipe, etc.

No que diz respeito à sua utilização como recurso didático nas aulas em si, temos várias experiências no Brasil e no mundo que nos asseguram ser um bom caminho a se trilhar. Vejamos o que Silva tem a nos dizer a respeito:

> Se estivessem vivos e atentos ao espírito do nosso tempo, Freire, Vygotsky, Freinet, Dewey e Teixeira muito provavelmente adotariam o WhatsApp, que contempla a participação de sujeitos dialogantes na dinâmica da autoria e da cocriação da comunicação, da aprendizagem e da formação. Esse aplicativo favorece a docência e a aprendizagem em sala de aula presencial e online porque permite reunir interlocutores em bidirecionalidade, multidirecionalidade, comunicação sincrona e assincrona, com troca de texto, áudio, imagem e vídeo, documentos em PDF e ligações gratuitas por meio de conexão com a internet (Silva, 2017, p. 16).

E arremata:

> Por sua vez, a docência ciberincluída e inspirada no legado dos mestres citados saberia intuitivamente lançar mão do WhatsApp para promover a extensão da sala de aula presencial no ciberespaço e aí mobilizar a autêntica educação cidadã (Silva, 2017, p. 17).

Não podemos ignorar que o novo sempre gera desconfiança e receio, que muitos professores são "analfabetos digitais", ou seja, não conhecem absolutamente nada sobre as novas TICs e, por conta disso, evitam entrar em um campo ainda não desbravado, conforme Moreira e Trindade relatam:

> A introdução das tecnologias na sala de aula foi sempre alvo de alguma controvérsia por parte de quase toda a comunidade escolar. Muitas questões assentavam no facto de muitos professores apresentarem uma certa "tecnofobia", fruto de não sentirem um verdadeiro controle sobre o que deve ser a interação entre a tecnologia e a educação, no sentido de criar ecossistemas de aprendizagem eficazes, sobretudo por causa da rapidez com que evoluem quer os equipamentos, quer os próprios aplicativos digitais (Moreira; Trindade, 2017, p. 56).

Porém, as vantagens superam os riscos, uma vez que o WhatsApp é um aplicativo utilizado pela maioria das pessoas em nosso país, sendo acessível aos mais diferentes sujeitos, sejam eles analfabetos, que utilizam os recursos de áudio e vídeo, seja para os cegos, que utilizam os recursos de áudio e surdos, que utilizam os recursos de texto e imagem. Como a EJA foi escolhida por mim para fazer a experiência que demonstra a viabilidade da utilização do mais popular aplicativo de mensagens em nosso país, e, no geral, o público dessa modalidade tem muitas lacunas em sua formação, o WhatsApp, ante o exposto, é o recurso ideal tanto para introduzir as TICs no processo ensino aprendizagem nessa modalidade de ensino como "alfabetizar digitalmente" esses alunos. Essa alfabetização digital, em alguns casos, será concomitante com a alfabetização tradicional, fazendo com que uma colabore com a outra e ambas atinjam o objetivo traçado por professores e alunos da EJA.

CAPÍTULO 2

A EDUCAÇÃO DE JOVENS E ADULTOS

A EJA é uma modalidade de ensino prevista na Lei de Diretrizes e Bases da Educação (LDB), a lei máxima da área educacional em nosso país, promulgada em 1996. De acordo com a supracitada lei, em sua seção V, artigo 37, a EJA "será destinada àqueles que não tiveram acesso ou continuidade de estudos nos ensinos fundamental e médio na idade própria e constituirá instrumento para a educação e a aprendizagem ao longo da vida" (Brasil, 2019, p. 30).

Dito isso, o público-alvo da referida modalidade de ensino são as pessoas que estão há muito tempo sem estudar ou que vêm colecionando insucessos nos estudos. No geral, estão mais propensas a abandonar a sala de aula, como comprovam os altos índices de evasão escolar na EJA, que, via de regra, é ofertada no turno noturno nas instituições de ensino.

Em que pese essa questão, esses estudantes no geral possuem uma experiência de vida maior que os alunos das demais modalidades de ensino e geralmente possuem experiência no mundo do trabalho. Isso deve ser levado em consideração na elaboração do currículo e nas metodologias de ensino direcionadas a essa modalidade. A educação brasileira tenta, erroneamente, aplicar as mesmas metodologias e currículo aplicados ao ensino regular na EJA. O resultado disso é um ensino apartado da realidade e da necessidade dos alunos da referida modalidade, o que no geral contribuiu para o abandono escolar

2.1 A trajetória da EJA no Brasil

A EJA em nosso país se confunde com a História da Educação Brasileira, uma vez que os primeiros registros de um processo de ensino em solo brasileiro remontam ao período colonial (1500-1822). Nessa época o ensino estava sob a responsabilidade dos Jesuítas[9], ordem religiosa católica.

O objetivo desse ensino era catequizar os povos originários, fossem crianças, jovens ou adultos. Para facilitar esse trabalho, dada a variedade linguística dos indígenas, os padres criaram uma língua geral, denominada "Nheegatu". Não havia uma separação entre crianças, jovens e adultos: a metodologia de ensino era única para os distintos públicos, ou seja, não havia uma educação voltada especificamente para o público atendido pela modalidade que ora analisamos. De acordo com Chagas:

> Por isso, cabe rememorar a educação desde o período colonial, onde os Jesuítas, dentro de uma postura e visão missionária, buscaram "educar" os índios nativos, que já estavam no país antes dos colonizadores chegarem. A maior parte dos alunos que esses missionários priorizaram era adulta, pois estes contribuiriam para o desenvolvimento da formação da sociedade que estava se estabelecendo no Brasil (Chagas, 2020, p. 3).

Com a expulsão da Companhia de Jesus dos domínios portugueses em meados do século XVIII, fruto da intervenção de Sebastião José de Carvalho e Melo, mais conhecido como Marquês de Pombal, primeiro-ministro do rei Dom José I, o ensino ficou desorganizado e foi lentamente reorganizado pelo reino português. A esse respeito, a autora supracitada afirma que:

> Quando o Marquês de Pombal expulsou os Jesuítas o ensino passou a ser desorganizado, por isso a educação de jovens e adultos só passou a ser mencionada novamente no período do Império. Segundo Neto e Maciel (2018), mesmo após os movimentos que agitavam a Europa no século XVIII e com a expulsão dos Jesuítas pelo minis-

---

[9] Membros da Ordem religiosa criada em 1534 por estudantes da Universidade de Paris, liderados por Inácio de Loyola, denominada Companhia de Jesus.

tro, a reforma feita pelo marquês não apagou a influência da igreja na educação dos colonizados (Chagas, 2020, p. 4).

O objetivo precípuo dos religiosos da ordem fundada por Inácio de Loyola era a catequese, ou seja, converter os indígenas para o que eles (europeus) consideravam a verdadeira religião, a saber: o cristianismo. Não havia a preocupação em atender as demandas e necessidades dos alunos, apenas incutir em suas mentes a ideologia religiosa que defendiam, não levando em consideração a cultura, os saberes e as crenças dos povos originários:

> Para conseguir institucionalizar o ensino, os Jesuítas passaram a instituir normas que foram padronizadas para que as ações e comportamentos dos índios estivessem de acordo com as necessidades dos seus colonizadores, o que incluía a educação e a fé. Era preciso que os índios aprendessem sobre o processo colonizador para serem usados como mão de obra, o que aconteceu, também, com os negros escravizados. A intensão sempre foi o convertimento a fé católica, e por isso os nativos teriam que aprender a ler e escrever (Chagas, 2020, p. 3).

A ênfase no aprendizado da leitura e da escrita permanece até hoje, visto como uma necessidade primordial para que o processo ensino-aprendizagem ocorra de maneira satisfatória. Dito de outro modo: ler e escrever é requisito básico para o processo de escolarização de qualquer indivíduo, seja a criança que inicia seus estudos, seja o adulto que retorna à sala de aula.

A expulsão dos Jesuítas provocou uma desorganização do sistema de ensino no Brasil, que só reverteria esse quadro com a formação do Império brasileiro, a partir de 1822. De qualquer modo, o ensino jesuítico influenciou a educação no período imperial e até mesmo republicano da nossa história. A necessidade de se promover um ensino que abrangesse boa parte da população, composta majoritariamente de analfabetos, fez com que o imperador Dom Pedro I colocasse no texto constitucional de 1824 artigos que contemplassem a educação:

> Foi por meio da constituição de 1824 que se passou a oferecer o ensino primário para todas as pessoas, inclusive os adultos. Embora parecesse interessante e legal essa proposta, na prática ela não funcionava como deveria, pois os profissionais não recebiam nenhum tipo de formação e apresentavam despreparo, já que tinham poucos professores atuando, além de ter poucas escolas estruturalmente ruins, funcionando sem organização ou qualquer plano de ação coerente (Chagas, 2020, p. 4).

A situação só melhorou alguns anos após a promulgação da primeira constituição de nosso país. Contudo, o cenário ainda era muito desafiador, haja vista que a desorganização era a tônica do processo e os professores eram voluntários sem a devida remuneração, conforme Chagas nos informa:

> Dessa forma, Aranha (2016) salienta que apenas em 1834 por meio um Ato adicional foi possível à educação passou a ser responsabilidade das províncias. E mesmo com o ensino direcionado a jovens e adultos, os métodos usados eram insuficientes e não apresentavam qualidade. Os professores que aceitassem lecionar adulto deveria o fazer por uma missão, não recebiam salários. A educação de jovens e adultos era percebida como uma alternativa de civilizar uma camada taxada como degenerada ou perigosa (Chagas,2020, p. 5).

Percebe-se, por esse trecho, que a educação era encarada com um meio de controle social e não um meio de libertação e acesso à cidadania. O advento da república em nosso país promoveu mudanças significativas no ensino; contudo, a tão decantada cidadania nunca foi de fato efetivada em sua plenitude. Iniciativas na área educacional promovidas por intelectuais e educadores marcam o início da fase republicana:

> Em 1920 mais de 70% da população continuava analfabeta e nada foi feito para modificar esse quadro. Foi através desses dados que Olavo de

> Bilac se sensibilizou e promoveu a campanha "pioneira da educação nova" que era contra o analfabetismo. Esse movimento ficou conhecido como o "movimento dos pioneiros da educação nova", mais precisamente em 1932 (Chagas, 2020, p. 5).

Os escolanovistas pretendiam modernizar e democratizar a educação brasileira, inspirados pelas ideias do pensador estadunidense John Dewey. A origem, os objetivos e o auge do movimento escolanovista são definidos por Ribeiro (2004) do seguinte modo:

> O movimento da Escola Nova teve seu início, no Brasil, durante a década de 1920. Ele teve como uma de suas metas: eliminar o ensino tradicional que mantinha fins puramente individualistas, pois buscava princípios da ação, solidariedade e cooperação social. Para isto, propunha a introdução de novas técnicas e idéias pedagógicas. No campo político-educacional, ele teve o seu auge durante a reforma educacional de 1928, no Distrito Federal, promovida por Fernando de Azevedo, encontrando em outras reformas do início da década de vinte as suas precursoras (Ribeiro, 2004, p. 172).

Com a ascensão de Getúlio Vargas ao poder, fruto de um golpe articulado pelas elites dos estados alijados do poder central, a pressão do estado de São Paulo sobre o "pai dos pobres" ensejou a redação de uma nova constituição, promulgada em 1934. O texto da carta magna brasileira expressou a preocupação com os adultos e adolescentes que haviam abandonado a escola. Strelhow (2018) registra que:

> Foi em 1934 que se foi proposto um plano de educação nacional que seria acompanhado pelo governo federal, que tinha como subsidio promover o ensino primário de forma obrigatória e gratuita, onde os alunos não deveriam faltar, e esse documento estendia essa obrigação, também, aos adultos e esse foi o primeiro momento em que, de fato, foi oficializada a educação de jovens e adultos (Strelhow, 2018 *apud* Chagas, 2020, p. 6).

Por sua vez, os autores a seguir acreditam que a década de 1930 é um marco importante no que diz respeito à garantia, pelo menos na letra da lei, ao direito de adultos e adolescentes que se atrasaram nos estudos a frequentar novamente a escola para concluírem seu ciclo escolar e se inserirem como cidadãos na sociedade brasileira:

> Somente a partir da década de 1930 é que a educação de jovens e adultos efetivamente começa a se destacar no cenário educacional do país, quando em 1934, o governo cria o Plano Nacional de Educação que estabeleceu como dever do Estado o ensino primário integral, gratuito, de frequência obrigatória e extensiva para adultos como direito constitucional (Friedrich *et al.*, 2010 *apud* Miranda; Souza; Pereira, 2016, p. 1).

Em que pesem esses esforços pela educação em geral e a educação voltada para adultos e adolescentes que haviam abandonado a escola pelos mais distintos motivos, os pesquisadores brasileiros que investigam a modalidade em tela, a saber, a EJA, consideram que esforços nessa área têm como marco inicial somente a partir da década de 1940. O trabalho realizado por Xavier (2019) é bem didático nesse sentido:

> Mesmo ocupando um lugar marginal na pesquisa, nas obras de história da educação e nos eventos científicos, há uma significativa produção que, numa perspectiva histórica, aborda o tema a partir da segunda metade da década de 1940. De modo geral, essa produção compartilha alguns elementos que conformam a base de uma tradição historiográfica da EJA no Brasil. Tais elementos podem ser assim resumidos: a fixação da Campanha de Educação de Adolescentes e Adultos (CEAA), de 1947, como marco da atuação da União em favor da educação de adolescentes e adultos; a emergência de movimentos de educação e cultura popular na década de 1960 e a constituição de uma proposta e um paradigma pedagógico próprio para a EJA,

com o trabalho de Paulo Freire; a repressão do regime militar às práticas educativas de orientação freireana e a instalação do Movimento Brasileiro de Alfabetização (MOBRAL), em 1970 (Xavier, 2019, p. 2).

Visto que as iniciativas anteriores à Campanha de Educação de Adolescentes e Adultos (CEAA), iniciada no período de redemocratização do país pós-ditadura Varguista (Estado Novo), partiram mais de ações dos estados e municípios ou de grupo de intelectuais como no caso dos pioneiros da educação[10], concordo com o marco inicial proposto pelos historiadores da educação que se debruçam sobre o ensino voltado especificamente para aqueles indivíduos que não concluíram os estudos no tempo certo.

A CEAA, nas palavras da autora supramencionada (Xavier, 2019, p. 4):

> [...] funcionou entre os anos de 1947 a 1963, por meio do Serviço de Educação de Adultos (SEA) do Departamento Nacional de Educação. Nasceu da regulamentação do Fundo Nacional do Ensino Primário (FNEP), na qual a educação dos adolescentes e adultos foi contemplada com amplos recursos. Com o FNEP, os Estados passaram a receber auxílio financeiro da União para a difusão do ensino elementar por meio da expansão da rede física, qualificação de pessoal técnico e manutenção do sistema.

De acordo com a autora supramencionada, a CEAA tinha como objetivo consolidar a ordem vigente por meio da ampliação da participação das camadas menos favorecidas do povo brasileiro no cenário político. Essa campanha visava atender aos interesses dos latifundiários brasileiros, que viram na possibilidade de alfabetizar esse expressivo contingente populacional a possibilidade de ampliação de suas bases eleitoral, ao mesmo tempo que as afastava da interferência de ideologias que eles consideravam nocivas.

---

[10] "Pioneiros da educação" era como os membros do movimento escolanovista passaram a ser chamados no Brasil, com destaque para o educador Anísio Teixeira, que hoje dá nome ao Instituto Nacional de Pesquisas Educacionais Anísio Teixeira (Inep), vinculado ao MEC.

As classes dominantes brasileiras acreditavam que o atraso de nosso país se dava em função, dentre outras coisas, da falta de escolaridade e do alto número de analfabetos que o Brasil possuía naquele período. Um analfabeto era incapaz diante de um alfabetizado e isso não permitia que o primeiro se inserisse nos âmbitos político, econômico e social da sociedade brasileira.

Essa campanha fracassou ao enfrentar uma série de dificuldades, algumas facilmente solucionáveis, outras nem tanto. Na análise de Paiva (2003):

> [...] havia dificuldades para se recrutar professores tanto quanto os analfabetos, altos índices de desistência, evasão e reprovação entre os matriculados, inadequação dos currículos, horários reduzidos, programas de ensino extensos, elevado número de professores leigos, muitos dos quais semianalfabetos, atraso nos pagamentos dos professores, inadequação do calendário da campanha que coincidia com o período das férias escolares e desinteresse das 'comissões municipais' por aquela. Havia ainda a interferência de interesses políticos na determinação dos locais de construção das escolas (Paiva, 2003 *apud* Xavier, 2019, p. 5).

Como exposto, a campanha definhou por falta de interesse dos governos, que justificavam o fracasso da CEAA com um argumento que até hoje é utilizado para referendar o fechamento de turmas e a não oferta da modalidade EJA nas escolas: os alunos não têm interesse e a evasão escolar é resultado desse cenário. Uma última tentativa foi feita para salvar a CEAA, contudo novo fracasso foi registrado:

> Em 1957, quando os recursos da campanha estavam cada vez mais escassos em função da precariedade dos resultados alcançados, a CEAA tentou recuperar-se por meio da criação do Sistema Rádio Educativo Nacional (SIRENA). Nessa fase de declínio acentuado, a CEAA chegou a ser reconhecida como 'fábrica de eleitores', fracassando do ponto de vista educativo (Paiva, 2003 *apud* Xavier, 2019, p. 5).

Há que se destacar o pressuposto norteador da CEAA foi o de que o indivíduo analfabeto era incapaz se comparado ao alfabetizado, não estando preparado para participar da vida social. Para superar essa condição, a alfabetização para a inserção no mundo do trabalho foi a tônica desse processo. De todo modo, a CEAA serviu para extirpar qualquer preconceito em relação ao analfabeto, visto a partir de então como um homem produtivo e capaz, responsável por gerar com seu trabalho boa parte das riquezas da nação.

A década de 1960 foi marcada por grandes transformações no mundo e no Brasil. O ápice das mobilizações populares em nosso país assustou as classes dominantes e a reação delas acabou culminando num golpe de estado civil-militar deflagrado em 1964, que deu origem ao período mais sombrio da história recente do nosso país. No início da década, o intelectual e pensador brasileiro Paulo Reglus Neves Freire desenvolveu importantes ações educativas em seu estado natal, Pernambuco. Sua práxis educativa visava alfabetizar jovens e adultos por meio de uma concepção de matriz dialógica, que usava os famosos "temas geradores", valorizando os saberes e a cultura popular.

Outras ações de caráter progressista também merecem destaque nesse período, como:

> Movimento da Cultura Popular – MCP (1961-1964); Campanhas promovidas pelo Ministério da Educação e Saúde – MES (1947-1955); Centro de Popular de Cultura - CPC da UNE (1962-1964); Movimento da Educação de Base – MEB (1961-1967); Campanha de Educação Popular da Paraíba (1962-1964); De Pé no Chão Também se Aprende a Ler (1961-1964) e o Programa Nacional de Alfabetização (PNA) do MEC (1963-1964). Paulo Freire esteve presente na maioria desses movimentos de forma direta ou indireta (Ventura, 2011 *apud* Chagas, 2020, p. 7).

A quase onipresença do patrono da educação brasileira nesses movimentos comprova a importância dele para a educação em nosso país e para a EJA em particular.

As classes dominantes em nosso país, principalmente os latifundiários, não aceitavam a emancipação dos camponeses, muitas das vezes submetidos a relações semifeudais no campo. Promover a alfabetização em conjunto com a consciência de classe fez com que essas ações fossem perseguidas pelo gerenciamento militar que tomou de assalto o poder em 1964.

Intelectuais, professores e alunos ligados a essas iniciativas foram perseguidos, presos, torturados, exilados e assassinados pelo novo regime. Em substituição às ações supramencionadas, o regime militar criou, por meio da Lei 5.379 de 1967 o famigerado MOBRAL, que nas palavras de Xavier:

> [...] foi criado em 1967 objetivando a eliminação do analfabetismo no país até 1975. Começou a funcionar, efetivamente, em setembro de 1970 e foi extinto em 1985. Paiva (2003) explica que, na prática, o MOBRAL foi o sucessor nacional da Cruzada de Ação Básica Cristã (Cruzada ABC), financiada pelo governo brasileiro desde 1966. A autora considera que o MOBRAL, de maneira análoga à Cruzada ABC, orientava sua ação pela "[...] legitimação do regime e de minimização das tensões sociais, no entanto como programa nacional e laico". Ou seja, diferentemente da Cruzada ABC, "[...] montada como contra ofensiva ideológica para neutralizar os efeitos de movimentos anteriores a 1964 [...]", o MOBRAL se constituiu numa "[...] forma de ampliar junto às camadas populares as bases sociais de legitimidade do regime no momento em que esta se estreitava junto às classes médias em face do AI-5" [...] (Xavier, 2019, p. 20).

Pelo exposto por Xavier e com base nos apanhados históricos sobre a EJA, o que evidenciamos é que o programa MOBRAL não conseguiu seu objetivo, qual seja: a erradicação do analfabetismo. A solução encontrada para isso foi a criação do ensino supletivo, que também fracassou no seu intento.

Com o fim do "milagre econômico" e com as "crises do petróleo" em meados da década de 1970, a ditadura civil-militar viu seu apoio ruir em função do aumento da carestia e da revolta de boa parte da sociedade em relação à violenta repressão e censura imposta pelos militares. A mudança de estratégia e consequente retirada do apoio formal dos Estados Unidos da América ao regime militar no Brasil fez com esse quadro se agravasse.

Percebendo o desmoronar do regime militar, vários setores da sociedade brasileira passaram a bradar pela volta da democracia. Ações como as "Diretas já"[11], a reorganização e fundação de partidos políticos, a retomada da luta estudantil e sindical davam sinais de que os "anos de chumbo" estavam ficando para trás e as garantias individuais e direitos sociais estavam entre as principais reivindicações desses movimentos.

A luta pela universalização do ensino fundamental e, posteriormente, para o médio fez com que milhares de crianças e jovens tivessem a oportunidade de frequentar as instituições de ensino que outrora eram destinadas somente aos mais abastados. A constituição promulgada em 1988 trouxe a educação como direito fundamental, inclusive sendo o primeiro direito a ser citado no artigo 6 do capítulo II da nossa carta magna, conforme o excerto a seguir:

> Art. 6º São direitos sociais a educação, a saúde, a alimentação, o trabalho, a moradia, o transporte, o lazer, a segurança, a previdência social, a proteção à maternidade e à infância, a assistência aos desamparados, na forma desta Constituição (Brasil, 1988).

Além disso, a educação recebeu um capítulo inteiro na Constituição de 1988 (Capítulo III), no qual é reafirmado o direito a que todo brasileiro tem de ter uma formação voltada para o cidadão e a qualificação para o mundo do trabalho (artigo 205).

---

[11] Movimento cívico que defendeu a eleição direta para a presidência do Brasil, organizando vários comícios nas principais cidades do país, contando com a participação de trabalhadores, estudantes, políticos, artistas,etc.

No artigo seguinte, é assegurado o direito a educação e ao aprendizado ao longo da vida (artigo 206, inciso IX), ou seja, reitera que aqueles que não concluíram seus estudos no tempo certo não serão desamparados: "I - educação básica obrigatória e gratuita dos 4 (quatro) aos 17 (dezessete) anos de idade, assegurada inclusive sua oferta gratuita para todos os que a ela não tiveram acesso na idade própria" (artigo 207, inciso I — Brasil, 1988).

No entendimento de Chagas (2020), a inserção da educação como um direito fundamental em nossa lei maior foi fundamental para a consolidação de uma educação voltada para jovens e adultos que se atrasaram nos estudos, sendo colocada como prioridade, afastando uma concepção assistencialista e pragmática presente até então nas experiências oficiais destinadas a esse público:

> No artigo 205 da Constituição de 1988 a educação torna-se um direito universal, sendo o Estado responsável por promovê-la, bem como a família de incentivá-la. Foi nesse momento em que o Estado começou a priorizar, de certo modo a educação de jovens e adultos e criar estratégias pedagógicas para erradicar o analfabetismo (Chagas, 2020, p. 7).

É nesse contexto que a modalidade EJA se desenvolve nos dias atuais. Uma das primeiras experiências nessa nova concepção foi o Movimento de alfabetização (MOVA), que como Gadotti (2018) nos explica:

> Em 1990 surgiu o Movimento de Alfabetização conhecido pela sigla MOVA – que buscava de maneira intensiva organizar e reunir a sociedade no combate ao analfabetismo de jovens e adultos no país. O MOVA foi um método criado por Paulo Freire, que ao assumir a Secretaria de Municipal de Educação São Paulo entre 1989 e 1991 construiu diretrizes onde as escolas deveriam ter autonomia, e visou fortalecer o vinculo entre secretaria de educação e escola (Gadotti, 2018 *apud* Chagas, 2020, p. 8).

A retomada das ideias do educador brasileiro Paulo Freire no que diz respeito ao ensino destinado aos jovens e adultos que não completaram os estudos no tempo certo fortaleceu a referida modalidade, tanto é que os governantes da Nova República[12] criaram leis, ações e programas destinados ao atendimento desse segmento educacional.

O primeiro presidente eleito democraticamente após a ditadura civil-miltar foi o jovem político alagoano Fernando Collor de Melo. Em seu breve governo, abreviado em função do impeachment que sofreu, o presidente:

> [...] propôs um novo programa: "Programa Nacional de Alfabetização e Cidadania (PNAC)", que após o impeachment de Collor, foi engavetado. Após a saída do presidente Itamar Franco assumiu e propôs um programa educacional conhecido como o "Plano Decimal" que foi estabelecido em 1994 (Chagas, 2020, p. 8).

A meta era ousada: fornecer o ensino fundamental a todos os brasileiros. Porém, com o término do mandato do político mineiro e a eleição do "príncipe" dos sociólogos Fernando Henrique Cardoso o Plano Decimal foi engavetado. FHC, como era mais conhecido o presidente recém-eleito, foi responsável por criar a LDB. A esse respeito, o autor supracitado (2020) nos diz:

> No novo governo foram criados novos projetos e a Lei Diretrizes e Bases da Educação Nacional (LDBEN) que se interligava a Constituição de 1988, a conhecida como Lei 9394/96. Teve também as discussões da Declaração de Hamburgo que influenciaram a educação brasileira (Chagas, 2020, p. 8).

Foi a partir dessa legislação que a EJA foi reconhecida como uma modalidade, ou seja, um setor específico da educação que tem seus métodos e forma de organização próprios. Após

---

[12] Nova Repúbica: termo utilizado para designar o período que vai de 1985 até os dias atuais, nos quais o Estado Democrático de Direito foi reorganizado após uma ditadura civil-miltar que durou aproximadamente 21 anos em nosso país (1964-1985).

quatro tentativas frustradas, o ex-metalúrgico Luís Inácio Lula da Silva, mais conhecido como Lula, chegou à presidência do Brasil. Seu governo foi marcado por uma série de ações, tendo como carro-chefe o programa "Brasil Alfabetizado", que visava erradicar o analfabetismo no país. Obviamente essa meta não foi alcançada devido à magnitude dela, porém o programa trouxe bons resultados.

Outros programas foram criados ainda no governo Lula, porém não conseguiram sucesso no que diz respeito ao objetivo originário do "Brasil Alfabetizado":

> Muitos outros programas foram criados para incluir o jovem e o adulto na escola básica, entre eles: Programa Nacional de Integração da Educação Profissional com Educação Básica na Modalidade de Educação de Jovens e Adultos (PROEJA), PBA, Programa Nacional de Inclusão de jovens: Educação, Qualificação e Ação Comunitária (PROJOVEM) e o Plano Nacional de Qualificação (PNQ). Mesmo assim a taxa de analfabetismo continuava grande. Entretanto, muitos brasileiros tiveram chances reais de serem alfabetizados (Chagas, 2020, p. 9).

Em que pesem os erros e acertos na área educacional de todos os governos da Nova República, é inquestionável que a EJA está na ordem do dia e se fortaleceu nessa etapa da história recente do nosso país. Dizer isso não significa que a modalidade em questão não enfrente problemas: o abandono histórico da EJA ainda é uma realidade. No tópico a seguir apresento a EJA na atualidade.

2.2 A EJA nos dias atuais

Para entendermos a modalidade EJA nos dias atuais em nosso país, vamos utilizar os dados divulgados pelo MEC por meio do Censo Escolar 2023. Como o próprio nome diz, o censo escolar é um levantamento feito pelo Governo Federal para saber quantos alunos, quantas escolas, quantos professores, etc., existem no país. Esses números ajudam os governos, em suas esferas municipais, estaduais e federais a elaborar políticas públicas voltadas para a educação no Brasil. Como o objeto de estudo que escolho para esta obra é a modalidade EJA, é sobre os números dela que me deterei em minha análise. É lógico que, pelas dimensões territoriais do nosso país e pelas dificuldades inerentes a um censo, os números obtidos podem não ser estritamente fiéis à realidade, porém se aproximam bastante daquilo que se é desenvolvido em solo brasileiro no que se refere ao processo educacional destinado às crianças, aos jovens e aos adultos.

O dado mais assustador, que não é novidade para aqueles que vivenciam a EJA no cotidiano das escolas Brasil afora, é a diminuição drástica no número de matrículas nos últimos anos. Segundo dados do referido Censo Escolar:

> O número de matrículas da educação de jovens e adultos (EJA) diminuiu 20,9% entre 2019 e 2023 chegando a 2,6 milhões em 2023. A queda no último ano foi de 6,7%, ocorrendo de forma semelhante nas etapas de nível fundamental e de nível médio, que apresentaram redução de 6,9% e 6,3%, respectivamente (Brasil, 2023, p. 42).

Esse recuo no número de matrículas na modalidade ora em tela é reflexo de vários fatores. Erroneamente, alguns gestores municipais e estaduais atribuem essa dificuldade na formação de turmas somente a uma causa, qual seja: a pandemia do novo coronavírus.

Essa doença que se espalhou pelo mundo e forçou muitos países a adotarem o ensino remoto sem sombra de dúvidas contribuiu para esse cenário preocupante, entretanto o descenso no número de matrículas na EJA já era uma tendência nos anos anteriores ao surto mundial do covid-19 e este ajudou a aprofundar as dificuldades que a modalidade destinada aos jovens e adultos em atraso escolar enfrentava.

Vejamos o gráfico a seguir:

Gráfico 1 – Matrículas na EJA (2019-2023)

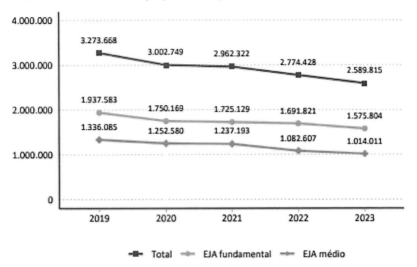

Fonte: censo escolar (Brasil, 2023)

    Como podemos observar, de 2019 para 2020, houve uma redução de aproximadamente 271 mil matrículas e de 2020 para 2021 um recuo de aproximadamente 40 mil matrículas. Se levarmos em consideração que a covid-19 foi declarada pandemia e as medidas de isolamento e distanciamento social aqui em nosso país foram aplicadas a partir de março de 2020, não podemos atribuir essa drástica redução ocorrida entre os anos de 2019 e 2020 ao ensino remoto imposto devido às restrições sanitárias necessárias a não proliferação da doença.

    Houve queda nas matrículas entre os anos de 2020 e 2021, biênio no qual o ensino remoto prevaleceu em nosso país, mas não chega nem a um terço do que ocorreu no biênio 2019/2020, período anterior ao surto mundial do novo coronavírus. Apesar disso, é importante fazer duas ressalvas: a primeira delas diz respeito ao número de matriculados em 2020. Como dito anteriormente, as medidas restritivas passaram a ser aplicadas a partir de março do referido ano, porém as matrículas e aulas na EJA geralmente começam em janeiro e fevereiro (no caso do Pará); só que em função das dificuldades encontradas pelas redes municipais e estaduais no que diz respeito a formação de turmas, a busca por novos alunos se estende ao longo do ano letivo.

Muitas turmas começam o ano letivo com um número reduzido de alunos e vão incorporando novos candidatos à medida que as aulas vão se desenvolvendo. A segunda ressalva é não menos importante: desde que o Fundo de Manutenção e Desenvolvimento do Ensino Fundamental e de Valorização do Magistério (Fundef)[13] foi criado (e posteriormente substituído pelo Fundo de Manutenção e Desenvolvimento da Educação Básica e de Valorização dos Profissionais da Educação — Fundeb), há registros de fraudes nas matrículas das redes de ensino.

Isso ocorre por conta de a quantidade de matriculados determinar o montante de recursos a serem recebidos por estados e municípios, o que fez com que muitas redes "matriculassem" mortos, crianças e bebês em idade não escolar. O Tribunal de Contas da União (TCU), órgão responsável por fiscalizar os recursos e destinação dada a eles, de vez em quando condena um gestor estadual ou municipal a devolver o dinheiro desviado ou recebido indevidamente por fraudes.

Assim sendo, a maior fiscalização de órgãos como o TCU talvez tenha desencorajado esses gestores a recorrerem a esse tipo de expediente, o que refletiu na redução do número de matriculados na modalidade ora investigada. Independentemente disso, o que vemos de maneira empírica é o fechamento ou, na melhor dos cenários, a redução de turmas no período noturno, horário por excelência em que a educação destinada aos adultos e jovens que se atrasaram nos estudos é ofertada nas escolas. Voltarei a falar

---

[13] O Fundef foi instituído pela Emenda Constitucional n. 14, de setembro de 1996, e sua regulamentação está na Lei 9.424, de 24 de dezembro do mesmo ano, e no Decreto n. 2.264 de junho de 1997. Seus efeitos passaram a valer somente em 1998, quando uma nova dinâmica de redistribuição de recursos para a educação entrou em vigor.

sobre essa questão no tópico seguinte, no qual buscarei refutar o inverosímil argumento utilizado por gestores municipais e estaduais para justificar o encerramento do turno noturno nas escolas.

No que diz respeito à localização das escolas e oferta da modalidade nos níveis fundamental e médio, a realidade encontrada pelo último censo é a seguinte:

> Na EJA de nível fundamental, 75,4% das matrículas estão na rede municipal, seguida pela rede estadual e pela rede privada, com 19,8% e 4,7% respectivamente. Na EJA de nível médio, a rede estadual é responsável por 84,7% das matrículas, seguida da rede privada e da municipal, com 12,4% e 2,1% respectivamente. A EJA de nível fundamental concentra, proporcionalmente, o maior número de matrículas na zona rural (31,0%) [...] (Brasil, 2023, p. 43).

Esses números não trazem nenhuma novidade, tendo em vista que na distribuição das responsabilidades entre os entes federativos, cabe aos municípios a oferta do nível fundamental e aos estados a oferta do nível médio, podendo, ambos, ofertarem outros níveis de ensino, desde que cumpram com a sua atribuição específica.

Percebe-se, entretanto, uma discreta participação do setor privado na modalidade EJA. Tendo ínfima participação na oferta da modalidade no nível fundamental e uma discreta participação no nível médio. Com honrosas exceções, as instituições particulares de ensino têm uma visão de educação suplementar para a EJA, cujo foco central é a certificação desse público, o que revela seu baixo interesse pela modalidade, uma vez que por questões mercadológicas os jovens e adultos que buscam dar continuidade a seus estudos são geralmente das camadas populares da nossa sociedade.

Outro dado interessante a se notar é o seguinte: a oferta da modalidade no nível fundamental é majoritariamente feita na área rural, em contraposição à oferta da modalidade no nível médio, majoritariamente feita no meio urbano. Isso revela a desigualdade histórica entre os grandes centros urbanos e os distantes rincões do nosso país. O êxodo rural que o Brasil experimentou ao longo dos dois últimos séculos é fruto, dentre vários fatores, da busca pela continuidade dos estudos. Era e ainda é muito comum pais mandarem seus filhos para os grandes centros urbanos em busca de novas oportunidades de emprego bem como de continuidade nos estudos, uma vez que nas cidades do interior geralmente não há escolas de nível médio e ensino superior.

Isso demonstra que a política de universalização do Ensino Médio não surtiu o efeito desejado e as desigualdades sociais, econômicas e culturais entre o binômio campo-cidade cobram uma solução efetiva. Políticas de ampliação da oferta de ensino médio e superior nas cidades rurais urgem saírem do papel e se converterem em ações concretas, dotando essas instituições de todo o aparato necessário para se desenvolver uma educação de qualidade.

O gráfico a seguir coaduna com as afirmações expostas:

Gráfico 2 – Distribuição das matrículas na EJA por rede e nível de ensino

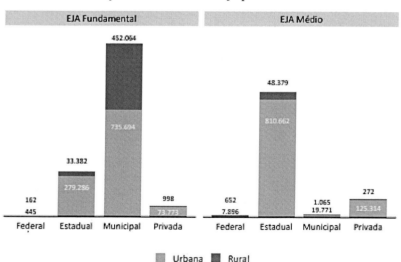

Fonte: censo escolar (Brasil, 2023)

Já no quesito sexo e faixa etária, percebemos os seguintes dados:

> A EJA é composta, predominantemente, por alunos com menos de 40 anos, que representam 65,1% das matrículas. Nessa mesma faixa etária, os alunos do sexo masculino são maioria: 52,1%. Por outro lado, observa-se que as matrículas de estudantes acima de 40 anos são predominantemente compostas pelo sexo feminino: 59,2% (Brasil, 2023, p. 43).

Como podemos observar, os jovens são maioria hoje nas turmas de EJA, com a maioria é do sexo masculino, o que vai ao encontro das atuais pesquisas que apontam que a maioria dos jovens da geração "nem-nem" são homens. A fundação Roberto Marinho, ligada ao poderoso grupo Globo de Comunicação, em parceria com o Itaú Educação e Trabalho, instituição vinculada ao maior banco privado do Brasil, realizaram uma pesquisa com o apoio do instituto Datafolha que contabilizou: 9 milhões de jovens estão fora da escola. Sobre essa juventude, a pesquisa revelou que:

> A maioria dos estudantes que evadiram da escola são homens, provém de famílias com renda per capita de até 1 salário-mínimo, sendo que sete em cada 10 são negros. 86% deles já ultrapassaram a faixa etária adequada para frequentar o ensino regular e, a maior parte (43%), não têm sequer o ensino fundamental completo. Seis em cada 10 desses jovens são pais e, entre as mulheres, o índice é ainda maior: oito em cada 10 são mães (Crispi, 2024).

A referida pesquisa revela, também, o desejo desses jovens em concluir os seus estudos. Desse modo, a demanda pela modalidade EJA estará garantida nos próximos anos, ao contrário do que muitos gestores educacionais afirmam. É logico que não basta a vontade desses 9 milhões de brasileiros, pois, como a próprio levantamento aponta, a necessidade de trabalhar é o principal entrave para a realização desse objetivo.

Outro ponto a se destacar é a primazia das mulheres na busca por continuar seus estudos na faixa etária acima dos 40 anos. Provavelmente essa busca se dá em função do crescimento dos filhos, e a pesquisa supramencionada é muito reveladora ao afirmar que de dez jovens do sexo feminino fora da escola oito são mães. Vejamos os números absolutos apurados pelo Censo Escolar 2023:

Gráfico 3 – Distribuição das matrículas na EJA por sexo e faixa de idade

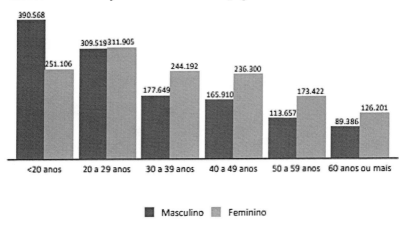

Fonte: censo escolar (Brasil, 2023)

O referido censo revela outro aspecto fundamental no âmbito da desigualdade em nosso país: a questão da cor/raça dos jovens e adultos que compõem a EJA. Em que pese uma crescente autodeclaração mais próxima ao real por parte das pessoas em nosso país, como revelou o último censo divulgado pelo IBGE, ainda é possível notar negros e pardos que não se identificam como tais. Se a tendência a seguir apurada pelo IBGE permanecer, os números serão ainda mais assustadores daqui a alguns anos:

> Quanto à cor/raça, percebe-se que os alunos identificados como pretos/pardos representam 77,7% da EJA de nível fundamental e 70,7% da EJA de nível médio em relação à matrícula dos alunos

com informação de cor/raça declarada. Os alunos declarados como brancos representam 19,6% da EJA de nível fundamental e 26,9% da EJA de nível médio (Brasil, 2023, p. 45).

A histórica desigualdade entre negros/pardos e brancos no Brasil se expressa de maneira inequívoca na modalidade que atende os mais pobres em nosso país. Até mesmo para pessoas brancas pertencentes às camadas mais pobres da nossa sociedade são ofertadas mais oportunidades de trabalho e estudo. Como podemos ver no gráfico a seguir, temos menos brancos sem o ensino fundamental completo que sem o ensino médio completo:

Gráfico 4 – Percentual de matrículas conforme raça e nível de ensino

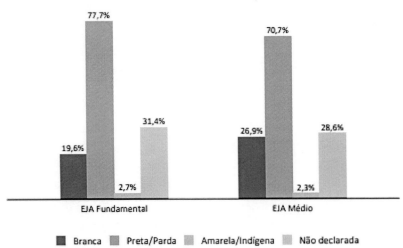

Fonte: censo escolar (Brasil, 2023)

Por fim, podemos afirmar categoricamente que não há outra modalidade que seja um retrato fiel das desigualdades sociais presentes em nosso país como a EJA. Por tudo isso, a educação destinada às camadas mais excluídas e marginalizadas do maior país da América do Sul são cercadas por muitos desafios e contradições. Avaliar isso será o objetivo central do próximo tópico.

2.3 Desafios e perspectivas da EJA no Brasil do século XXI

O cenário da educação no Brasil nas primeiras décadas do século XXI é complexo e desafiador. Em se tratando da EJA, esse contexto é ainda mais turbulento. De um lado há o reconhecimento da necessidade de garantir um direito fundamental para boa parte dos marginalizados da nossa sociedade, por outro há visões distintas porém igualmente danosas para a concretização desse objetivo: desde aquelas que veem a EJA como mera certificadora, passando pela visão reparadora, até as que propugnam a oferta da modalidade com fins assistencialistas.

Sem sombra de dúvidas, o principal desafio para a EJA na atualidade é a sua própria existência, em função da drástica diminuição de matrículas ano após ano, tendência que se expressa há, pelo menos, duas décadas.

Os gestores da educação em nosso país, seja na esfera municipal (responsável pela oferta do ensino fundamental), seja na esfera estadual (responsável pela oferta do ensino médio), alegam que o fechamento do turno noturno (horário destinado à EJA na maioria das escolas) nas instituições se dá em virtude da baixa procura e do fenômeno conhecido como "evasão escolar", que ocorre em todos os níveis e modalidade de ensino, mas é mais acentuado na modalidade sob escrutínio do presente trabalho.

No entanto, essas justificativas não se sustentam se analisarmos os números de jovens e adultos que ainda não concluíram seus estudos. A esse respeito, Catelli Jr., Haddad e Ribeiro (2014, p. 3) afirmam:

> Para muitos gestores públicos a EJA é vista como parte de um passado que está por se extinguir, uma vez que a grande maioria das crianças hoje frequenta a escola e somente os mais velhos seriam os prováveis demandantes da modalidade. Com a morte inevitável destes, a EJA sucumbiria. O primeiro equívoco desta leitura está no fato de que não se pode compreender a EJA apenas como

processo inicial de alfabetização. Nos diais atuais coloca-se, antes de tudo, o direito à educação básica e à educação ao longo da vida. Quando temos em conta esta perspectiva, temos que encarar o fato de que 65 milhões de brasileiros com 15 anos ou mais não tinham concluído o Ensino Fundamental e 22 milhões com 18 anos ou mais não tinham terminado o Ensino Médio em 2010 conforme o Censo. Apenas 4,2 milhões frequentavam a escola de EJA no país em 2010, caindo para 3,1 milhões em 2013.

Como dito anteriormente, ainda há público para a EJA, o que confirma o já exposto ao longo deste capítulo e que a citação anterior reitera. Sabemos que o desinteresse pela modalidade é fruto de várias questões, algumas das quais apontadas certeiramente pelos autores supracitados:

> Estes dados contradizem enfaticamente a afirmação de que o destino da EJA é desaparecer, ficando claro que o argumento utilizado apenas encobre a resistência de governos em investir em uma modalidade de pouco prestígio social, na qual é frágil a pressão política que impulsiona o investimento. Não é por acaso que em inúmeros estados e municípios brasileiros vemos a EJA acomodada em um canto da escola, com escassos recursos, alojada, como se diz, como uma inquilina da escola, sem um lugar próprio nas redes de ensino (Catelli Jr.; Haddad; Ribeiro, 2014, p. 3).

Minha experiência como professor ao longo de duas décadas atesta o dito, ou seja, a EJA, ofertada na maioria das escolas apenas no turno da noite, é historicamente abandonada pelas secretarias municipais e estaduais, gestores, direções escolares e parte da comunidade escolar a vê como um ensino "menor", inferior ou até mesmo desnecessário por conta do suposto desinteresse dos alunos e da tão famigerada "evasão escolar", fenômeno presente em todas as modalidades e níveis de educação em nosso país, mas muito acentuado na modalidade.

Essa visão preconceituosa que se tem com a EJA e com seus alunos é resultado de um processo histórico de negação dos mais elementares direitos para boa parte da nossa população, constituída majoritariamente por negros, pardos e pobres. Arroyo (2016) é muito feliz em sua análise sobre o tema, ao asseverar que:

> Essa irresponsabilidade do Estado com a educação das pessoas jovens e adultas reforçou ou se legitimou na não vinculação da EJA como tempo de direito e reforçou o não reconhecimento dos jovens-adultos sujeitos de direitos. Visão que tinha um endereço social certo: trabalhadores empobrecidos, populares, negros, das periferias e dos campos pensados e inferiorizados como sem direito a ter direitos (Arroyo, 2016, p. 25).

E arremata:

> A EJA e seus jovens-adultos participam da tensa negação do reconhecimento dos pobres, negros, trabalhadores empobrecidos como sujeitos de direitos, não só à escola, à educação, ao conhecimento, à cultura, mas da negação mais radical do reconhecimento como humanos, como sujeitos de direitos humanos (Arroyo, 2016, p. 25).

E como resolver essa questão? Na minha opinião, se os gestores responsáveis pela educação não entenderem que a EJA tem suas especificidades, o seu tempo próprio e os seus alunos não tiverem estímulos para permanecer na escola, esse quadro não mudará. Segundo Catelli Jr., Haddad e Ribeiro:

> Para fazer valer os direitos educativos de todos e todas num país marcado por desigualdades e violações como o Brasil, é preciso que a EJA seja assumida como uma política universal e permanente de ação afirmativa e reparadora, orientada explicitamente ao combate das desigualdades e à promoção de direitos. É possível e desejável que a universalidade no atendimento se componha de políticas de EJA voltadas à diversidade do seu

público e que integrem múltiplas opções de oferta educativa, escolares e não escolares, mecanismos de avaliação e certificação, além de se comprometer com a busca ativa e o chamamento de seus potenciais beneficiários. De diversos pontos de vista, os estudos reportados nos artigos indicam que a EJA não se transforma em demanda manifesta por parte das pessoas com baixa escolaridade sem que haja políticas de estímulo, tanto por meio da oferta constante e de qualidade de serviços educativos como pelo convite àqueles que podem ser beneficiados por esses serviços, com atenção às suas especificidades e necessidades (Catelli Jr.; Haddad; Ribeiro, 2014, p. 8).

Recentemente o Governo Federal lançou um programa denominado "Pé-de- meia", que concede um incentivo financeiro para que alunos não abandonem os estudos, contudo essa iniciativa não contempla boa parte dos estudantes da EJA, visto que só atende alunos que estejam matriculados na modalidade no ensino médio e tenham entre 18 e 24 anos de idade.

Apesar de que a garantia da oferta da EJA é o principal desafio para a modalidade, ele não é o único. Diversos autores defendem a necessidade de se repensar a EJA, de rever seu formato e estrutura e reformular seu currículo o mais breve possível para que não só atenda aos interesses dos seus alunos, como para se adequar às necessidades do mundo moderno e de um mercado de trabalho cada vez mais exigente e excludente.

A rede estadual do Pará recentemente passou a ofertar em algumas escolas a EJA integrada ao ensino profissionalizante, buscando atrair mais alunos para essa modalidade. A rede municipal de Ananindeua deve seguir o mesmo caminho: há um projeto em formatação que visa integrar a modalidade em questão com a formação para o mercado de trabalho.

Na verdade, essa opção não é nenhuma novidade e está contida como possibilidade nas diretrizes oriundas do MEC para a EJA. Na minha avaliação é uma boa opção, uma vez que as normativas que tratam a questão determinam que não haja prejuízo na carga horária das disciplinas clássicas, como Português, Matemática, História, Artes etc. Infelizmente não encontrei nenhum trabalho ou pesquisa que avaliasse essa experiência pioneira em nosso estado, a saber: a experiência da rede estadual de ensino.

Miguel Arroyo, importante intelectual e pesquisador da EJA, faz uma profunda crítica sobre esse "poder" que a escola tem de certificar os indivíduos, dando ou negando a eles o "passaporte" para o mercado de trabalho:

> Estudos têm mostrado que a teimosia desses adolescentes, jovens-adultos negados do direito humano ao trabalho espera da EJA um atestado escolar que os garanta seu direito ao trabalho. A questão central não é sobre idade mínima nem sobre competências de certificação, exigências de certificação, mas a questão não enfrentada é se o sistema escolar e a EJA têm direito a condicionar o direito ao trabalho a certificar, como, quando, a quem. Questões nada inocentes em nossa história (Arroyo, 2016, p. 37).

O autor em tela faz uma crítica mordaz ao sistema educacional brasileiro, que, como já denunciado por diversos pesquisadores da educação brasileira (Darci Ribeiro, Paulo Freire, Gaudêncio Frigotto, Demerval Savianni, entre outros), está a serviço dos interesses do capital, determinando aqueles que farão parte do sistema, ocupando os melhores e mais bem remunerados postos de trabalho, e aqueles que ocuparam os piores empregos e os que serão excluídos do mercado de trabalho, compondo o que o filósofo alemão Karl Marx denominou de "exército industrial de reserva". Arroyo propugna a superação desse quadro com a vinculação do direito à educação aos direitos humanos, uma vez a segregação social atinge aqueles que são o público-alvo da EJA:

> Voltando à promissora vinculação entre EJA e direitos humanos, essa vinculação exige uma postura política, crítica radical ao papel que vem cum-

> prindo o nosso sistema escolar segregador e até a EJA negando, retardando atestados de escolarização para milhões de adolescentes, jovens, adultos trabalhadores negados no direito humano mais básico, o direito ao acesso ao mercado de trabalho por não possuírem os atestados de escolarização. Uma história cruel, antiética, desumana da escola e da EJA reforça o padrão capitalista e segregador (Arroyo, 2016, p. 37).

Outra crítica contundente do pesquisador supracitado é com relação à estrutura organizacional da modalidade que ora investigamos: no entendimento de Arroyo, essa estrutura segrega, exclui e nega direitos aos alunos jovens e adultos que buscam as escolas para finalizar seus estudos.

A essas "amarras" que colocam limites ao direito à educação, como a idade mínima para cursar e/ou fazer a prova certificadora da referida modalidade nos ensinos fundamental e médio, o autor supramencionado tem uma visão persistente da escolarizada da EJA. Essa tendência acaba por, na prática, dificultar o acesso aos jovens e adultos que não se encaixam nesses moldes estabelecidos por leis e diretrizes que não levam em consideração as especificidades e particularidades desse público-alvo, negando a eles o direito a ter direitos:

> A persistência em reduzi-los como não cidadãos e não humanos plenos porque ainda não são escolarizados tem levado a uma persistente visão escolarizada desses jovens-adultos e a uma visão escolarizada da EJA. Uma visão ainda não superada nas diretrizes e políticas e que exige uma análise crítica da visão escolarizada do direito das pessoas jovens e adultas à educação. Sua visão reducionista como ainda não escolarizados diminui as possibilidades da EJA assegurar o ensino aos jovens e aos adultos aos que não puderam efetuar os estudos na idade regular. Garantir aos não escolarizados oportunidades educacionais apropriadas (Arroyo, 2016, p. 27).

O autor nos convida a refletir sobre os termos que muitas das vezes utilizamos indiscriminadamente para se referir aos alunos da modalidade ora em tela, termos esses que escamoteiam as verdadeiras causas da exclusão desses jovens e adultos do ensino formal:

> Segunda questão que exige uma crítica: assegurar o ensino de jovens- adultos que não puderam efetuar estudos na idade regular – não puderam ou não lhes foram dadas condições de poder, de querer? – Termos como "não puderam", "não tiveram oportunidades", "não responsabilizam ninguém", naturalizamos processos, relações sociais muito mais complexos, problemas de classe, raça, campo e periferia são muito mais complexo, silenciados, e não se leva em conta que esses jovens-adultos são vítimas desde a infância-adolescência. Um velho discurso persistente exige novos passos teóricos e novas linguagens para caracterizar a negação do direito à educação das pessoas jovens e adulta (Arroyo, 2016, p. 28).

Por fim, Arroyo esclarece que essas discussões em torno da EJA não podem ser esvaziadas de sentido político. Na visão dele, é necessário desvelar os fundamentos da sociedade segregadora e excludente na qual esses jovens e adultos cresceram e vivem, de modo que eles possam ser encarados como sujeitos históricos e protagonistas não só dos seus estudos, mas também dos seus destinos:

> Os currículos da educação desses jovens, adultos e de formação dos profissionais seriamoutros, trabalhariam o direito das pessoas jovens, adultas a aprofundar nos significados sociais, políticos, de suas lutas por direitos humanos tão radicais. Aprofundar nos significados políticos, históricos da negação desses direitos. Entender que a negação da escolarização, as múltiplas reprovações, retenções de que foram vítimas fazem parte das estruturas sociais que lhes mantêm segregados desses direitos humanos básicos (Arroyo, 2016, p. 33).

A compreensão de que esses indivíduos têm algo em comum além do fato de que foram excluídos do direito à educação é a chave para a ressignificação da EJA, ideia defendida por Arroyo ao longo do texto, como no excerto a seguir:

> Quando o referente para repensar, reinventar a EJA são os próprios jovens e adultos como sujeitos de direitos humanos negados, um traço aparece com destaque: os educandos (as) pertencem a coletivos de classe social, raça e etnia. Sabem--se segregados como membros de coletivos e lutam por direitos em ações coletivas. Essa consciência choca com a visão das diretrizes e políticas que insistem em vê-los e tratá-los como indivíduos. Um olhar individualizado que não é só da EJA, mas do nosso sistema escolar e de suas diretrizes, políticas, processos de aprendizagem e de avaliações e segregações. Uma visão individualizada que bloqueia a possibilidade de ver, entender e tratar as crianças, os adolescentes, jovens e adultos populares que chegam às escolas públicas com as marcas segregantes de sua condição coletiva de classe social, raça, etnia, gênero, orientação sexual e lugar (Arroyo, 2016, p. 34).

A luta coletiva por direitos é, sem sobra de dúvidas, o principal vetor de ressignificação da modalidade, uma vez que não há ensino de qualidade desvinculado dos mais básicos direitos fundamentais. Os alunos da EJA carregam em suas trajetórias suas condições de classe social, gênero, orientação sexual e raça. Pertencem, via de regra, as camadas mais excluídas da população de nosso país e mantêm de pé a resistência do povo brasileiro a uma educação pública, laica e de qualidade.

Catelli Jr., Haddad e Ribeiro arrematam a discussão que levantei no presente tópico com a seguinte colocação:

> Outro aspecto importante indicado pelas pesquisas é a necessidade fundamental de combinar as políticas educacionais com outros direitos sociais

> que afetam diretamente a vida dos alunos. Uma política universal e permanente de ação afirmativa e reparadora de EJA só produzirá resultados se combinada com outros direitos sociais. Não se trata de lançar novamente o debate se é a educação que conduz as pessoas para processos de promoção social ou se é o desenvolvimento que produz as condições para a promoção social por meio da educação. O reconhecimento da indissociabilidade dos direitos é a premissa básica para dizer que só é possível realizar um direito plenamente se ele for acompanhado de outros. Em outras palavras: o sentido reparador e afirmativo da EJA só é possível de ser conquistado de maneira integral se junto estiver sendo realizado o direito destes setores excluídos a uma saúde de melhor qualidade, melhores condições de moradia e saneamento básico, trabalho decente etc., além da superação de todas as formas de discriminação. O fortalecimento da EJA, com investimentos necessários para a superação de seus desafios teóricos e práticos, requer, por isso, que a sociedade expresse politicamente essa demanda por meio da ação coletiva, de suas organizações e movimentos (Catelli Jr.; Haddad; Ribeiro, 2014, p. 12).

O Governo Federal parece sair da letargia em que se encontrava no que diz respeito a essa questão: primeiramente ampliou o programa "Pé-de-meia" para os alunos da referida modalidade, conforme noticiou o jornal *Diário do Pará*, em sua versão online:

> MEC (Ministério da Educação) anunciou nesta quinta-feira (6) que o programa Pé-de-Meia, de auxílio a estudantes de baixa renda, vai passar a contemplar também alunos da EJA (Educação de Jovens e Adultos). Mais de 89 mil alunos do ensino médio da modalidade que se enquadram nas regras serão incluídos (Brasil, 2024).

Em que pesem as limitações do referido programa, especialmente por não contemplar a totalidade dos alunos da EJA (o programa é destinado somente aos alunos da EJA que cursam o Ensino Médio, na faixa entre os 18 e 24 anos), isso já é um início. Some-se a essa ação o chamado "Pacto pela EJA", que, em linhas gerais, pode ser definido do seguinte modo:

> [...] Alicerçado no regime de colaboração entre a União, os estados, o Distrito Federal e os municípios e coordenado pelo Ministério da Educação (MEC), o Pacto Nacional pela Superação do Analfabetismo e Qualificação da Educação de Jovens e Adultos congrega ações de articulação intersetorial, que serão implementadas com a participação de diferentes ministérios, da sociedade civil organizada, dos organismos internacionais e do setor produtivo. Os objetivos são superar o analfabetismo e elevar a escolaridade de jovens, adultos e idosos; ampliar a oferta de matrículas da educação de jovens e adultos (EJA) nos sistemas públicos de ensino, inclusive entre os estudantes privados de liberdade; e ampliar a oferta da EJA integrada à educação profissional (Brasil, 2024).

Portanto, será uma ação articulada entre os três entes federativos e a chamada sociedade civil. Contará com investimentos de mais de 4 quatro bilhões de reais ao longo de quatro anos e pretende gerar mais de 3 milhões de novas matrículas na EJA, o que comprova a tese de que na verdade não é por falta de alunos que as escolas estão fechando o turno da noite e sim por falta de engajamento das autoridades em trazer essas pessoas para continuarem seus estudos.

Os estados e municípios tinham até o dia 31 de julho de 2024 para aderir ao pacto. Caso não o tenham feito, não receberão os recursos citados, o que seria um grande prejuízo para os jovens e adultos daquela região. Para reforçar a necessidade de adesão ao pacto, o MEC fez uma chamada pública a partir de 15 de julho de 2024:

> A chamada pública pode ser entendida como ações coordenadas pelo Estado, em parceria com diferentes atores da sociedade civil e que tem dois gran-

des objetivos", explicou a secretária de Educação Continuada, Alfabetização de Jovens e Adultos, Diversidade e Inclusão, Zara Figueiredo. "Por um lado, queremos sensibilizar e mobilizar jovens, adultos e idosos não alfabetizados ou que não concluíram a educação básica a buscarem a escola. Por outro, buscamos engajar as redes de ensino a implementar busca ativa, bem como qualificar a oferta de EJA", concluiu. A campanha segue até 6 de setembro, com a realização de debates presenciais e virtuais sobre a modalidade de ensino, a mobilização e a articulação da sociedade civil nos territórios e a sensibilização do tema em espaços públicos. Durante esse período, o MEC também realizará eventos presenciais e atividades on-line para orientar os sistemas de ensino sobre como acessar os programas que fazem parte do Pacto EJA (Brasil, 2024).

2.4 A Educação de Jovens e Adultos em Ananindeua, no estado do Pará

Como já dito anteriormente, o lócus da minha pesquisa foi o município de Ananindeua, uma das 144 cidades do estado do Pará. A cidade faz parte da região metropolitana de Belém e é a terceira maior cidade da região Norte, somando pouco mais de 500 mil habitantes, de acordo com os últimos dados do censo do IBGE (2023).

A cidade foi escolhida por ser o município de minha atuação como professor, seja na rede pública estadual, seja na rede pública municipal. Nesta última, atuei por 11 anos ininterruptos na modalidade em questão. Para além dessa condição, a cidade guarda características interessantes, tais como: é uma das que mais cresce no estado, está "colada" com a capital, em muitas partes do seu território seus limites se confundem com Belém; foi considerada cidade-dormitório, apesar de muitos de seus moradores ainda precisarem realizar deslocamentos entre a referida cidade e a capital do estado; por ter o metro quadrado mais em conta que o da capital, recebe muitos migrantes, sejam eles das cidades do interior do estado ou até mesmo de outros estados e países, especialmente etnias indígenas venezuelanas.

Os dados que ora apresentarei compõem os relatórios do último Censo Escolar, divulgado em 2024. Para facilitar a leitura, elaborei a tabela a seguir com os dados referentes ao número de matrículas na EJA de forma presencial, tendo em vista que muitas instituições de ensino, principalmente as privadas, têm ofertado a modalidade Educação a distância (EaD). Cabe ressaltar que essa metodologia é definida pelo MEC, que não disponibilizou nos dados do último Censo Escolar o número de alunos matriculados na EJA, modalidade EaD.

Tabela 1 – Matrículas na EJA

TIPO DE ESCOLA	BRASIL FUNDAMENTAL	BRASIL MÉDIO	PARÁ FUNDAMENTAL	PARÁ MÉDIO	ANANINDEUA FUNDAMENTAL	ANANINDEUA MÉDIO
Estadual Urbana	190.455	628.031	8.830	34.873	742	2.789
Estadual Rural	32.589	47.097	742	5.228	0	0
Municipal Urbana	679.338	6.641	40.691	0	2.102	0
Municipal Rural	438.394	938	38.714	38	0	0
Estadual e Municipal	1.340.776	682.707	88.977	40.139	2.844	2.789

Fonte: elaborado pelo autor (2024)

Como podemos observar, a realidade de Ananindeua, se comparada ao Brasil e ao Pará no que se refere à matrícula de alunos na EJA e à distribuição dessas matrículas por nível de ensino (fundamental ou médio) e tipo de escola (estadual ou municipal, rural ou urbana), não difere muito dos outros entes da federação. Porém, chama a atenção que no município investigado há praticamente o mesmo quantitativo de matrículas nos níveis fundamental e médio, enquanto no Brasil e no Pará as matrículas no ensino fundamental são mais que o dobro das matrículas no ensino médio.

Uma das hipóteses para essa diferença é a elevação nos índices educacionais da população de Ananindeua. Recentemente, o IBGE divulgou uma pesquisa sobre a "Alfabetização da população brasileira" realizada ano passado, cujo resultado diz que:

> O município apresenta o melhor resultado na taxa da população alfabetizada no Pará, de acordo com o levantamento "Alfabetização da População Brasileira", divulgado nesta sexta-feira (17), pelo Instituto Brasileiro de Geografia e Estatística (IBGE) 2023, com 97,2% da população local alfabetizada. O levantamento é realizado com recortes por grupos de idade, cor ou raça e sexo das pessoas de 15 anos ou mais de idade, além de um recorte específico da população indígena. De acordo com o índice, Ananindeua apresenta a maior porcentagem de população alfabetizada, seguido de Belém com 97,02% e Marituba com 95,61% (Soares, 2024).

Podemos constatar que as três principais cidades da região metropolitana de Belém possuem os melhores indicadores, estando Ananindeua praticamente empatada com a capital, seguida de perto por Marituba, que apesar de ter um pouco mais de 100 mil habitantes está geograficamente "colada" às duas cidades mencionadas.

Observa-se, também, que há uma clara divisão entre os entes federativos no que concerne à oferta da modalidade nos níveis fundamental e médio: a oferta de ensino fundamental é de competência dos municípios, porém os outros entes podem ofertar, desde que garantam a oferta do nível de ensino pelo qual são responsáveis. Por isso o grosso das matrículas no ensino fundamental está nas escolas municipais, sejam elas urbanas ou rurais. Já a oferta de ensino médio se dá basicamente nas instituições estaduais.

No caso particular de Ananindeua, é necessário mencionar que o Censo Escolar não registra nenhuma escola rural, seja municipal ou estadual, ofertando a modalidade EJA, o que é preocupante, uma vez que a cidade possuí várias ilhas, sendo a maior delas a ilha de João Pilatos e uma área com uma comunidade remanescente de quilombo (Abacatal). Como ficam os jovens e adultos que não concluíram os estudos no "tempo certo"? Eles se deslocam para as escolas localizadas nas áreas urbanas da cidade? Ou são simplesmente ignorados pelo poder público e têm mais um direito básico negado descaradamente? Como não sei a resposta, fica como sugestão aos interessados investigar tal fenômeno.

Minha intenção era aprofundar a análise com dados específicos da rede municipal de Ananindeua, para saber quantas escolas a rede possui e qual delas oferta a modalidade que ora investigamos. Das que ofertam a modalidade, quais ofertam o fundamental menor (1ª e 2ª etapas) e quais ofertam o fundamental maior (3ª e 4ª etapas). Gostaria de saber, também, quantos professores atuam na EJA pela rede municipal e quais desses ministram a minha disciplina (História).

Entretanto, não tive êxito na obtenção desses dados, haja vista que pedi para várias pessoas que trabalhavam na Secretaria Municipal de Educação (Semed) de Ananindeua, inclusive para o Departamento de Educação de Jovens e Adultos (DEJA), que é responsável pela modalidade, órgão interno da referida secretaria. Como atuo há bastante tempo na rede municipal com a EJA e faço parte da direção do Sintepp, entidade que representa os trabalhadores em educação do município, conheço bem a rede.

Esse conhecimento me ajudou a formular o experimento e a escolher uma das escolas que ofertam a modalidade nos anos finais do ensino fundamental para que pudesse aplicar o que apresentarei no capítulo subsequente.

CAPÍTULO 3

O EXPERIMENTO: UTILIZANDO O RECURSO DE ENVIO DE ÁUDIO DO WHATSAPP

O capítulo que encerra esta obra tem por objetivo apresentar, discutir e avaliar o experimento elaborado a partir das discussões levantadas nos capítulos predecessores. Como se trata de uma experimentação, é algo inacabado, que pode e deve ser revisado e melhorado. Sua existência tem como objetivo contribuir para o processo ensino aprendizagem e é complementar a outros recursos e metodologias utilizadas por mim em sala de aula.

A opção por explorar o recurso de envio de áudios no aplicativo de mensagens WhatsApp é pelo fato de ele ser mais fácil de carregar (upload) e baixar (download) o arquivo se comparado a um vídeo. Numa conjuntura de dificuldade de acesso à internet e de limitação de dados para navegação, é fundamental levar em consideração essa vantagem do primeiro recurso sobre o segundo.

Some-se a isso a dificuldade técnica ser maior na produção de vídeo, uma vez que quem o produz deve se atentar para a qualidade do som e da imagem, e no caso da produção de áudio, a preocupação recai somente sobre a qualidade do som. Fora a facilidade no manuseio desse tipo de recurso por parte da maioria dos usuários desse aplicativo no Brasil, conforme afirmou o próprio dono da empresa que o administra (Meta), Mark Zuckerberg, em evento realizado em São Paulo:

> As pessoas no Brasil enviam mais figurinhas, participam mais de enquetes e enviam quatro vezes mais mensagens de voz no WhatsApp do que em qualquer outro país". [...] Um país que realmente abraçou o poder da mensageria para se conectar,

expressar-se e fazer negócios. Vocês tornaram o 'Zap Zap' algo próprio e vocês estão entre as pessoas mais ativas do mundo no app (Brasil, 2024).

Apesar de eu possuir um equipamento de gravação semiprofissional, com placa de som externa, mesa de som com oito canais, *pop-filter* (aquela proteção anteposta ao microfone que serve para atenuar sons fortes com "p" e "b" e ruídos), microfone do tipo condensador (que capta melhor o som produzido próximo a ele, reduzindo a captação de ruídos mais distantes), não possuo ambiente com tratamento acústico em minha residência, o que diminuiu a qualidade da gravação, mas nada que impeça o ouvinte de entender de forma clara o que é dito no áudio.

Para gravar utilizei o programa "Audacity"[14], instalado em meu notebook, que possui o sistema operacional Windows 10, da empresa Microsoft. A escolha pelo programa supracitado, em meio a tantas opções disponíveis no mercado, se deu em função de eu ter experiência na sua utilização e ele ser um programa de código aberto, sendo distribuído gratuitamente e podendo ser melhorado com a contribuição dos seus usuários.

Durante a gravação, foi necessário dar pausas, seja porque havia algum barulho externo atrapalhando a gravação, seja porque havia movimentação em minha casa, uma vez que tenho duas filhas, a maior com 9 anos e a menor com 1 ano. A opção de formato foi o MP3, muito popular e executável em qualquer equipamento sonoro, seja som, seja smartphone. Esse formato é conhecido por ser compacto, contudo ele perde em qualidade sonora. Como o que gravei não se trata de uma música, com muitas nuances sonoras, a redução da qualidade não é tão significativa, tendo mais vantagens do que desvantagens ter optado pelo MP3.

A gravação dos dois áudios foi realizada em um único dia e, para não soar artificial, não foi feito a partir da leitura de um texto e sim de uma simulação de aula em formato presencial, ou seja, como se alguém estivesse gravando minha explicação em sala de aula. A

---

[14] O programa pode ser baixado gratuitamente no site: https://www.audacityteam.org/download/.

entonação e o ritmo da minha voz foram o mesmo que utilizo em sala de aula, fazendo com que o ouvinte se imaginasse em sala de aula, tendo uma experiência similar ao que teria presencialmente.

3.1 O local de aplicação do experimento e o professor titular da turma

Optei por aplicar o produto em uma escola da rede municipal de Ananindeua. Isso se deu em função de eu ser servidor efetivo da supracitada instituição e ter sido liberado das minhas atividades em sala de aula como professor para cursar o Mestrado Profissional em Ensino de História (ProfHistória). Assumi, como contrapartida à minha liberação e ao recebimento de bolsa de estudo, junto a Semed, o compromisso de pesquisar algo sobre a rede e, como tenho grande identificação com a EJA e trabalho no município com essa modalidade há 11 anos, não foi difícil fazer essa escolha.

Como não obtive os dados das escolas que ofertam a modalidade na rede municipal de Ananindeua para estabelecer um critério mais objetivo, tive que recorrer aos contatos que tenho nas escolas. Um dos meus receios era justamente não ser aceito pelo professor titular da turma que seria utilizada para a aplicação do produto, uma vez que muitos colegas de profissão não se sentem confortáveis em ter a presença de outro professor em sua sala de aula por diversos fatores: ter medo de ser criticado, medo de comparações feitas pelos alunos, medo de os alunos preferirem a aula do professor que está adentrando seu espaço etc.

Para que isso não ocorresse, procurei um conhecido de longas datas, que prontamente aceitou me ajudar na pesquisa. Seu nome é José Amarildo Gomes Pantoja, que conheço desde 2008, quando assumi a vaga de professor concursado na Secretaria Estadual de Educação.

Amarildo, como ele gosta de ser chamado, é um professor de luta que sempre está presente nos movimentos da categoria à qual pertencemos. Foi em uma das atividades sindicais que o conheci, mas o recordo desde os tempos da UFPA, uma vez que fomos contemporâneos na graduação em História.

Sua experiência profissional inicia em 2005, no mesmo ano em que se gradou bacharel e licenciado pleno em História, sendo professor vinculado à Secretaria Municipal de Educação de São João de Pirabas, município localizado no nordeste paraense. Em 2008 foi convocado para assumir a vaga de professor na Secretaria Estadual de Educação do Pará e, em 2012, na Semed de Ananindeua, cargos que acumula até hoje.

Atualmente cursa o doutorado na Pontifícia Universidade Católica (PUC) de Goiás, além de possuir o título de mestre pela mesma instituição, bem como várias especializações, uma delas é em EJA (UFPA), além da vasta experiência atuando todos esses anos na referida modalidade. No ano letivo de 2024, ele atuava em duas escolas da rede municipal na modalidade EJA: nas escolas Clóvis Begot e Aimeé Sample Macpherson. Perguntei a ele qual seria a melhor opção e ele afirmou ser a primeira, uma vez que as turmas seriam maiores, ou seja, que possuíam mais alunos matriculados. Esse fato foi decisivo para que escolhesse a referida escola, além disso, conheço o coordenador pedagógico e o vice-diretor da instituição, o que facilitaria o meu acesso ao ambiente escolar.

A escola Clóvis Begot fica localizada no bairro denominado Águas Lindas, uma área que faz limite com o município de Belém. Se por um lado a localidade é beneficiada pela proximidade com a capital do estado, por outra sofre com os mesmos problemas que as demais áreas periféricas da cidade, que é campeã em falta de saneamento básico, tem como agravante várias ruas estarem divididas entre os dois municípios, o que gera um jogo de empurra-empurra por parte do poder público, que ora afirma que a responsabilidade pelos serviços públicos é de responsabilidade da prefeitura de Ananindeua, ora é da prefeitura de Belém.

Solicitei ao corpo administrativo da escola mais informações sobre a instituição, tais como fundação, tempo em que oferta turmas de EJA, quantidade de alunos matriculados etc. Porém não obtive retorno, apenas me foi repassado de maneira informal que a turma em que eu aplicaria o produto tinha 41 alunos matriculados, mas somente 30 frequentavam as aulas, não necessariamente de maneira regular. Pude constatar na prática isso, como demonstrarei adiante. Essa evasão escolar é uma dura e persistente realidade da modalidade e não me surpreendeu. O espaço escolar apresenta boas condições, as salas de aulas são refrigeradas e possuem espaço adequado para abrigar os móveis necessários (carteiras, mesa e cadeira do professor etc.).

Na referida escola, o professor Amarildo possui três turmas: uma terceira etapa e duas quartas etapas. Visto que o objetivo do experimento era comprovar a viabilidade da utilização do WhatsApp como recurso pedagógico, avaliei que seria necessário apenas uma turma. Escolhi aplicar o experimento na terceira etapa. E os motivos para isso foram basicamente os seguintes: a escola só possui uma turma da referida série, sendo uma condição única, o que não ocorreria se tivesse que optar por uma das turmas de quarta etapa. Outro motivo foi por conta da larga experiência que tenho na modalidade e saber que na terceira etapa são mais visíveis os problemas e desafios da modalidade (evasão, dificuldades de aprendizagem, pessoas a mais tempo sem estudar etc.). Dito isso, apresentarei os sujeitos da pesquisa no tópico seguinte.

3.2 Os sujeitos da pesquisa

Para aplicar o meu experimento, seriam necessárias a participação e a colaboração dos sujeitos históricos que compõem o alunado da EJA. Quem são essas pessoas?

Qual é o sexo e a faixa etária delas? Quais são as dificuldades encontradas por elas para continuar os estudos? Qual é a condição financeira delas? Elas conciliam estudo e trabalho? Essas e outras perguntas foram respondidas pelos alunos da turma escolhida.

Para obter essas e outras informações, utilizei questionário com perguntas abertas e fechadas. Essa metodologia possibilita ao pesquisador obter dados fundamentais e sistematizar as informações obtidas de maneira quantiqualitativa. No dia em que apliquei o questionário, apenas 15 alunos estavam em sala de aula, e um deles não quis responder. A primeira pergunta realizada foi o nome dos entrevistados. Por questões éticas, pertinentes a qualquer trabalho científico sério, a identidade deles será preservada nesta obra, quando necessário se referir a uma resposta específica do questionário, utilizarei as letras do alfabeto para diferenciar a resposta de cada um.

A segunda pergunta buscou averiguar a faixa etária dos entrevistados. A maioria está na faixa entre 15 e 18 anos (dez) e apenas quatro estão acima dessa idade, dois estão na faixa etária entre 19 e 30 anos e dois estão entre 31 e 59 anos. Esse dado revela que a maioria teve insucesso na escola recentemente, sendo obrigado a migrar para a EJA por conta da idade (15 anos). Revela, também, que nenhum idoso está frequentando as aulas. Como não tive acesso aos dados da turma, não posso assegurar que nenhum idoso estava matriculado na turma. Contudo, notei a presença de idosos em outras turmas da escola, o que dá pistas de que esse segmento busca a escola para dar continuidade aos seus estudos.

A terceira pergunta diz respeito ao sexo dos entrevistados: há uma preponderância masculina, uma vez que nove são homens e cinco são mulheres, já no que concerne à idade/ao sexo, há apenas um homem acima dos 18 anos, o restante é formado por mulheres, fato que se coaduna com os dados da modalidade expressos no último censo escolar e registrado pelos pesquisadores da EJA em seus trabalhos e pesquisas, ou seja, os alunos matriculados na EJA são jovens homens e mulheres que geralmente tem mais idade e voltam a estudar depois de terem priorizado a criação dos filhos.

A quarta pergunta buscou averiguar a relação dos entrevistados com o mundo do trabalho. Dos 14 entrevistados, apenas cinco disseram trabalhar. Entre as profissões mencionadas temos babá, auxiliar de cozinha, mecânico, entregador de aplicativo e jovem aprendiz (programa que estimula jovens a ingressarem no mercado de trabalho, fornecendo a eles uma bolsa e uma vaga em alguma empresa conveniada ao programa). Essas profissões mencionadas não necessitam de escolaridade elevada e revelam a importância dos estudos para que esses alunos possam galgar melhores oportunidades de trabalho no futuro.

Cabe destacar que, dos oito entrevistados que afirmaram não trabalhar (um entrevistado não respondeu à pergunta), provavelmente alguns trabalhem no serviço doméstico, que na maioria das vezes não é reconhecido como trabalho por conta de não ser remunerado. É fácil chegar a essa conclusão, pois uma das entrevistadas levava o filho para a sala de aula, demonstração clara de que até no período noturno em que estuda tem que dar conta dos cuidados com o filho, uma das facetas desse trabalho doméstico.

A sexta pergunta quis saber o motivo pelo qual os entrevistados atrasaram os estudos. Dois entrevistados não responderam e um respondeu de maneira ilegível. Os mais diversos motivos foram apontados pelos alunos para não terem concluído os estudos no tempo certo: três indicaram que se atrasaram por conta de mudança de cidade, outros três alegaram problemas pessoais.

Um entrevistado afirmou não ter tido oportunidades e outro alegou dificuldade no estudo, mais especificamente na disciplina Matemática, levando-nos a concluir que o entrevistado deve ter reprovado na matéria diversas vezes. Outros motivos também foram mencionados: mau comportamento e futebol. Sobre a última resposta não sabemos se foi por conta de tentar uma carreira profissional no esporte ou se foi por gazetar aulas para brincar com amigos e conhecidos.

Quando perguntados sobre a renda familiar, muitos entrevistados tiveram dificuldades em responder a essa questão. Dois deles não responderam, um afirmou não saber e outro afirmou ter renda de R$ 105, que se for verdade o coloca numa situação de extrema pobreza. Quatro responderam ter renda de R$ 1.000 e um ter renda de R$ 1.300, o que os coloca como possuidores de uma renda abaixo do salário mínimo, uma vez que no ano de 2024 o valor do supramencionado é de R$ 1.412. Dois entrevistados indicaram o salário mínimo como referência: têm renda entre um e três salários mínimos, ou seja, uma renda entre R$ 1.412 e R$ 4.236. Fica bem claro que por serem no geral de uma faixa etária baixa, muitos ainda dependem dos pais e parentes para se manter e que, caso tenham respondido com precisão, esses dados revelam que esses estudantes pertencem às classes populares de nosso país, passando por inúmeras privações de ordem material. A exceção é de um dos entrevistados, que afirmou ter renda mensal de R$ 19.000,00, o que o classificaria como classe média, segundo as definições do IBGE[15].

No que diz respeito ao estado civil dos nossos entrevistados, apenas dois não responderam. A maioria, no caso nove, são solteiros, fato que pode ser explicado pela reduzida faixa etária deles. Apenas dois são casados, ambas mulheres, e um possuí união estável. Em comum ambos são maiores de 18 anos.

Perguntados se já são pais ou mães, nossos entrevistados responderam que ainda não tiveram essa experiência, com exceção de três deles: dois têm um filho e um tem dois filhos, o que revela que os que são pais e mães estão na média de filhos do brasileiro. Revela, também, que não foi a gravidez precoce/indesejada que os fez atrasar no estudo, como era muito comum acontecer.

Sobre a pretensão de continuar os estudos, apenas um dos entrevistados disse não ter interesse em continuar sua trajetória escolar. Um não respondeu e os 12 restantes afirmaram que pretendem avançar nos estudos, inclusive de maneira enfática, utilizando a palavra "claro" para responder à pergunta. Muito importante esse posicionamento dos entrevistados, pois, como

---

[15] A sociedade brasileira estaria dividida em cinco faixas de renda, designadas pelas cinco primeiras letras do alfabeto, quais sejam: A, B, C, D e E. Essa sequência seria descendente, ou seja, os mais ricos seriam membros das faixas designadas pelas duas primeiras letras do alfabeto e as letras D e E agrupariam os mais pobres do país. Sendo assim, a maioria dos entrevistados pertenceriam ao extrato inferior da sociedade brasileira e apenas um entrevistado pertenceria ao extrato superior da sociedade brasileira (classe B, com renda entre R$ 7,1 mil e R$ 22 mil). Os dados podem sere verificados na reportagem do portal *Infomoney*: https://www.infomoney.com.br/minhas-financas/classes-d-e-e-continuarao-a-ser-mais-da-metade-da-populacao-ate-2024-projeta-consultoria/.

já expresso ao longo deste trabalho, há um aumento significativo dos jovens "nem-nem".

Sobre as dificuldades para estudar, apenas três entrevistados disseram não as ter. Os mais variados fatores são empecilhos para a continuação dos estudos: não ter com quem deixar o filho para ir à escola, distância da escola para a casa, problemas de ordem financeira e até mesmo doenças afetam o desejo de continuar os estudos. O "campeão" dos fatores foi o trabalho, principalmente por conta do deslocamento dele para a escola, fazendo com que a maioria chegue atrasado nas aulas, afetando seu desempenho e aprendizado. Percebi que esse fator é preponderante na escola, uma vez que nos dias em que fui realizar a presente pesquisa os alunos tiveram dificuldades em chegar por conta das chuvas e do trânsito caótico da BR-316, rodovia que dá acesso ao bairro no qual a instituição de ensino está localizada. Dois entrevistados deixaram a resposta em branco.

O acesso à internet em casa é realidade para a maioria dos entrevistados: 11 possuem e apenas três afirmaram não possuir, o que contraria a tendência das classes populares de não terem acesso a esse bem cultural. Cabe ressaltar que ter acesso não significa ter necessariamente internet de qualidade, muito menos ter equipamentos que possam ser utilizados para usufruir dela. De todo modo, essa condição de ter acesso facilitou a aplicação do experimento, como veremos mais adiante.

A pergunta seguinte era: em qual aparelho você acessa a internet. Ela nos dá a dimensão da popularização dos smartphones e sua utilização como equipamento que substitui outros equipamentos, tais como computadores, notebooks, tablets etc. Apenas um entrevistado não respondeu, os demais afirmaram que só utilizam smartphones para acessar a internet. Esses aparelhos, apesar de serem cotados em dólar, reduziram bastante de preço nos últimos anos, ajudando a popularizar não somente a internet, mas também certas tecnologias e hábitos e costumes, como pedir comida por aplicativo, chamar um carro para se deslocar, comprar diversos produtos etc.

Hoje é possível encontrar no mercado brasileiro aparelhos homologados para uso no Brasil pela Agência Nacional de Telecomunicações (Anatel), órgão do Governo Federal responsável por verificar, entre outras coisas, se os aparelhos cumprem as normas técnicas e de segurança, por menos de meio salário mínimo, ou seja, R$ 706,00.

Como mencionado, ter acesso à internet não significa ter qualidade nesse acesso. A pergunta seguinte buscou averiguar de que maneira esses entrevistados acessam a internet: apenas seis deles possuem rede wi-fi em casa, os demais (cinco) dependem de internet fornecida pelos chips de seus smartphones, três entrevistados não responderam. Essa internet fornecida pelas operadoras no geral apresenta inúmeros problemas de lentidão, queda e falta de cobertura em determinadas regiões da cidade, principalmente nas áreas periféricas. As três empresas que monopolizam o setor (Claro, Vivo e Tim) são campeões em site de reclamação como o "Reclame aqui", nos Procons (órgão governamental responsável por zelar pelo cumprimento do Código de Defesa do Consumidor, Lei Federal 8.078/1990) dos estados e municípios e na plataforma "Consumidor.gov", criada pelo Governo Federal para intermediar situações que envolvam a violação dos direitos do consumidor.

A tecnologia wi-fi (*wireless field*, em português — área sem fio) possibilita um acesso mais rápido à internet, uma vez que sua capacidade de transmissão de dados é muito superior aos dados transmitidos pela tecnologia 4G, dominante no mercado brasileiro de rede de telefonia móvel. Apesar de a tecnologia 5G ter sido habilitada no Brasil, ela não é realidade na maioria das cidades e está, na prática, circunscrita aos grandes centros urbanos. Algumas escolas já possuem rede wi-fi disponível para a utilização dos estudantes. Que eu tenha conhecimento nenhuma delas é da rede municipal de Ananindeua, à qual a escola Clovis Begot é vinculada.

Perguntei, também, se esses entrevistados utilizam o aplicativo de mensagens WhatsApp, afinal de contas as aulas que produzi seriam distribuídas por esse aplicativo. Apenas um entrevistado disse não utilizar o aplicativo e dois não responderam à pergunta. Do total, 11 utilizam e, como dito ao longo deste trabalho, por ser um dos aplicativos mais populares no Brasil, a pergunta gerou estranheza em alguns entrevistados, que responderam assertivamente: é claro! Para a maioria das pessoas é inconcebível hoje alguém não ter smartphone. E, se possuir, não ter instalado o famoso "Zap".

A penúltima pergunta quis saber se os professores da escola utilizam equipamentos eletrônicos em suas aulas. Cinco entrevistados disseram que os professores da escola não utilizam, um entrevistado não respondeu. Os demais, no caso oito, disseram que os docentes utilizam equipamentos como computador, notebook, televisão e slides. Esse último foi o mais citado por aqueles que responderam positivamente à pergunta. Como sabemos, para utilizar slides, é necessário ter um projetor (popularmente chamado *data show*) e, na maioria das vezes, um equipamento que gere a imagem ou vídeo a ser projetado pelo projetor, o que nos faz deduzir que esses profissionais provavelmente também usem em larga escala notebooks e congêneres em suas aulas.

Durante minha estada na escola não vi nenhum professor utilizando essas tecnologias, contudo, acredito que a escola possua equipamentos do tipo mencionado anteriormente.

Por fim, perguntei aos entrevistados se eles acham que o aplicativo de mensagens WhatsApp possa ser utilizado nas aulas como uma ferramenta pedagógica. Dois entrevistados não responderam a essa pergunta e apenas um afirmou não acreditar nessa possibilidade, 11 entrevistados acreditam que há essa possibilidade. Essas respostas eram fundamentais para o sucesso ou insucesso do experimento, uma vez que se a maioria não acreditasse nessa possibilidade não haveria uma adesão à proposta que apresentei. Provavelmente essa resposta foi positiva em função da experiência que muitos alunos tiveram durante a pandemia de covid-19, na qual as aulas presenciais foram suspensas e a maioria das escolas da rede municipal de Ananindeua adotou o aplicativo da empresa Meta como um ambiente virtual de aprendizagem.

3.3 A aplicação do experimento

Ao avançar na construção da proposta de experimento, me deparei com algumas dificuldades, e uma delas foi aplicar as aulas gravadas em uma escola da rede municipal de Ananindeua com turmas de EJA, seja por conta da acentuada redução de turmas da referida modalidade nas escolas da rede municipal de Ananindeua, seja por conta da dificuldade de encontrar um professor que se dispusesse a "abrir" sua sala de aula para receber um experimento.

Contudo, nada disso foi obstáculo para a realização da aplicação do meu experimento, tendo em vista que, ao procurar o professor Amarildo, fui prontamente atendido e recebi sua permissão para adentrar na sua turma da terceira etapa.

Apresentei a ele minha proposta de trabalho, que foi prontamente aceita pelo professor em questão. Alinhamos alguns pontos e elaborei o seguinte cronograma de aplicação do experimento:

Quadro 1 – Proposta de trabalho

DIA	ATIVIDADE	METODOLOGIA	DURAÇÃO
02/05	Conversa com o professor titular da turma	Explicar a ele a proposta do trabalho a ser aplicada na turma escolhida, no intuito de colher informações preliminares e receber orientações e sugestões dele	1 hora
09/05	Aplicação do questionário	Questionário contendo 16 perguntas abertas e fechadas será aplicado por mim aos alunos da turma escolhida	50 minutos

DIA	ATIVIDADE	METODOLOGIA	DURAÇÃO
16/05	Aula sobre o tema definido pelo professor titular da turma/criação do grupo de WhatsApp da turma para que envio do áudio com a explicação do assunto	Aula expositiva sobre o tema definido pelo professor titular, utilizando os recursos didáticos disponíveis na escola. Na sequência criarei o grupo de WhatsApp da turma para que possa ao longo da semana enviar o áudio com a explicação do assunto trabalhado em sala	1 hora
23/05	Avaliação do recurso utilizado com a turma (WhatsApp)	Avaliar, por meio de uma roda de conversa, os prós e contras da utilização do WhatsApp como recurso didático na sala de aula	1 hora
30/05	Sistematização dos dados obtidos para a escrita do capítulo 3	Sistematização dos dados obtidos pelos questionários e roda de conversa, com a respectiva elaboração de tabelas e gráficos para melhor visualização dos resultados	3 horas

Fonte: elaborado pelo autor

Como se pode observar, o produto foi aplicado no mês de maio de 2024, às quintas-feiras, dia em que o professor dava aulas na turma da terceira etapa. Foram quatro quintas-feiras indo até a escola e uma em casa sistematizando os dados obtidos (até porque no dia 30 era feriado de Corpus Christi). Apresentei essa proposição ao coordenador pedagógico do turno noturno e ele consentiu com a proposta.

Com o "sinal verde" para a aplicação do experimento, passei a elaborar o questionário e a gravar a aula que seria disponibilizada para a turma por meio do WhatsApp. A temática da aula foi sobre a Roma Antiga, uma vez que era esse conteúdo que o professor iria trabalhar na sequência de suas aulas. Para não prejudicar o andamento do planejamento do professor e sua turma, decidi acatar a temática sem maiores problemas, até porque esse é um dos conteúdos que mais gosto de ministrar para meus alunos em sala de aula.

A partir de agora passarei a narrar e analisar cada um dos dias que utilizei para a aplicação do experimento, inclusive registrei esses momentos com fotos, que foram devidamente compartilhadas no grupo de WhatsApp que formei com os alunos da turma. Eles autorizaram que eu utilizasse na ilustração do presente livro.

1º dia (2 de maio de 2024)

Nesse dia encontrei com o professor Amarildo na escola e conversei com ele rapidamente sobre o experimento e recebi dele algumas orientações sobre a turma e a escola. Ele gostou da proposta e sugeriu que eu seguisse o conteúdo com a turma, uma vez que ele iria me ceder seu horário na íntegra (duas aulas, que totalizam, no máximo, uma hora de relógio) e que estava trabalhando conteúdos para a segunda avaliação, que seria realizada no mês seguinte (junho).

Repassou-me um material elaborado por ele para ser repassado aos alunos. O conteúdo a ser trabalhado com a turma seria "Roma Antiga", no qual os aspectos mais importantes da referida civilização seriam trabalhados com os estudantes. Por ter sido uma breve conversa, não registrei o momento como nos dias seguintes, como veremos adiante. Aproveitei a oportunidade para conversar com o coordenador pedagógico, professor Iranil, e o vice-diretor da escola, professor Benedito, ambos conhecidos meus de longa data, fato que contribuiu para o sucesso do empreendimento. O primeiro me informou que a escola iria reproduzir o material elaborado pelo professor titular da turma e que na aula seguinte os alunos já estariam com ele em mãos, fato que aconteceu. Fui para casa e fiquei de retornar na semana seguinte.

2º dia (9 de maio de 2024)

Minha pretensão nesse dia era chegar cedo à escola, porém compromissos pessoais, somado ao caótico trânsito da rodovia BR-316, agravado por uma fina porém persistente chuva contribuíram para que isso não acontecesse. Meu temor era que os alunos não aguardassem a minha chegada, afinal de contas às quintas-feiras eles só tinham as duas aulas de História. Segundo informações que obtive na própria escola, isso acontece porque não há professores de algumas disciplinas e eles ficam com horário vago no tempo destinado a essas matérias.

Avisei por meio de mensagem de WhatsApp o coordenador pedagógico que chegaria atrasado e que ele não dispensasse os alunos. Ele me tranquilizou dizendo que os alunos estavam, também, atrasados e que provavelmente não teríamos uma grande frequência por conta da chuva que caia desde o início da tarde.

Chegando ao ambiente escolar fui bem recepcionado pelo porteiro, que abriu o portão que dá acesso a garagem da escola. Estacionei meu veículo e me apresentei, sendo recepcionado pelo coordenador pedagógico, que me encaminhou até a sala de aula da turma da terceira etapa. Lá já se encontravam o professor Amarildo e os alunos. Adentrei o recinto com uma pasta na qual levava os questionários a serem aplicados aos alunos.

Fui apresentado aos estudantes pelo professor Amarildo, que fez um breve histórico de minha atuação, tanto profissional como no Sintepp. Após esse momento, ele me passou a palavra e me apresentei, falando sobre o meu trabalho e o motivo de estar na escola deles. Afirmei que precisaria montar um grupo de WhatsApp como os alunos da turma e que esse grupo teria uma única finalidade, qual seja: a de eu enviar os materiais necessário para a realização da minha pesquisa, no caso o áudio com a explicação do assunto. O grupo seria fechado e somente o administrador, no caso eu, poderia enviar mensagens e que, eventualmente, modificaria essa condição para que eles também pudessem enviar mensagens. Perguntei se eles poderiam colaborar com o meu trabalho e eles prontamente responderam positivamente. Na fotografia a seguir me apresento para a turma:

Fotografia 1 – Minha apresentação para a turma

Fonte: arquivo pessoal do autor

    Ato contínuo, o professor Amarildo agradeceu a turma por se dispor a me ajudar, disse que nas duas semanas subsequentes eu iria assumir a turma e que após esse período ele iria retomar o trabalho com eles. Então ele se despediu dos alunos e me deixou à vontade para dar início ao trabalho. Retirei da pasta os questionários e entreguei aos alunos para que fosse respondido naquele momento. Naquele dia compareceram apenas 14 alunos e esse acabou sendo meu universo de análise. Na foto seguinte os alunos estavam respondendo ao questionário elaborado por mim:

Fotografia 2 – Alunos respondendo ao questionário

Fonte: arquivo pessoal do autor

Todos os presentes responderam ao questionário, mas nem todos responderam de maneira integral, ou seja, nem todas as perguntas foram respondidas. Isso é corriqueiro na aplicação de questionários, pois muitas das vezes o entrevistado ou não se sente à vontade para responder a determinadas perguntas ou não sabe responder. Creio que a formatação do questionário também contribuiu para que não ocorresse a integralização das respostas, uma vez que das 16 questões, cinco ficaram no verso da folha, contribuindo para que alguns dos entrevistados não percebessem a existência delas. As questões de 11 a 16 foram as que mais ficaram em branco.

Como não me atentei para essa possibilidade, não orientei os alunos a verificarem o verso do questionário. De qualquer modo, vale o dito: talvez alguns tenham até visto, mas não se sentiram à vontade ou simplesmente não quiseram responder. Independentemente disso, o material coletado foi muito valioso para compor um diagnóstico da turma e contribuiu sobremaneira para a análise realizada por mim ao longo do trabalho, corroborando minhas conclusões, que serão apresentadas mais adiante.

Após o último aluno me entregar o questionário, expliquei que criaria o grupo de WhatsApp e que os adicionaria no grupo. Como esqueci de colocar um campo específico no questionário, pedi a eles que colocassem seus números de WhatsApp ao lado do nome de cada um, o que foi feito por 11 deles. Alguns alunos me disseram que não lembravam do número, e um deles disse não ter aparelho, daí a diferença entre o número dos que responderam ao questionário e o número de participantes do grupo de WhatsApp.

Agradeci novamente a colaboração e me despedi, ficando de retornar na quinta-feira seguinte, o que se concretizou, como veremos a seguir.

3º dia (16 de maio de 2024)

No terceiro dia cheguei cedo à escola, uma fina garoa prenunciava mais uma baixa frequência dos alunos, contudo ocorreu o inverso: alunos que até então não haviam comparecido às aulas anteriores apareceram. Expliquei aos novos alunos o que estava fazendo na escola e a programação que teríamos para aquele dia. Comecei a aula fazendo algumas anotações no quadro magnético. Essas anotações eram os tópicos que iria trabalhar com eles durante a aula.

Nesse momento entra na sala o coordenador pedagógico da escola e me entrega cópias do material didático elaborado pelo professor da turma. Passo então a distribuí-lo para os alunos. O material, além de ter sido bem elaborado, tinha um aspecto visual bem atraente, com imagens que remetiam ao assunto a ser trabalhado, no caso Roma Antiga.

A qualidade do material impresso também merece destaque, pois as páginas eram coloridas, o que facilitou a exploração das imagens contidas. Aguardei que a turma terminasse de copiar do quadro e iniciei a explicação. A aula transcorreu tranquilamente, apenas algumas conversas paralelas aconteceram, mas nada que atrapalhasse significativamente a concentração dos demais alunos.

Após a explicação perguntei se alguém teria alguma dúvida e, como ninguém levantou a mão, apaguei o que estava escrito no quadro e copiei outros tópicos do assunto. Alguns alunos pediram para ir ao banheiro e eu os autorizei, na sequência retornaram aos seus lugares após a utilização do espaço mencionado. Quando o último aluno terminou de copiar do quadro, voltei a explicar o assunto. Percebi que a concentração deles já não era a mesma. Minha intenção era terminar o assunto, ia estender a aula um pouco além dos dois horários aos quais o professor titular teria direito, uma vez que a turma às quintas-feiras tinha horários vagos, porém avaliei que era contraproducente continuar, sob o risco de não haver um aproveitamento por parte do coletivo. Assim, encerrava mais um dia de trabalho com a turma.

Fotografia 3 – Eu explicando o conteúdo aos alunos

Fonte: arquivo pessoal do autor

4º dia (23 de maio de 2024)

Esse dia seria destinado exclusivamente para o processo de avaliação do trabalho realizado, uma vez que na sexta-feira, dia 17 de maio de 2024, enviei no grupo de WhatsApp criado para aplicar o produto junto aos alunos, dois áudios contendo a explicação do assunto que havíamos estudado no dia anterior.

Contudo, como não consegui concluir o conteúdo na aula anterior, decidi retomar a explicação e passei a copiar no quadro os tópicos que faltaram serem trabalhados na aula passada. Como de praxe, dei tempo para que a turma copiasse o conteúdo do quadro para que eu pudesse passar ao momento de explicação.

Feito isso, eu finalizei o assunto e passei para a avaliação do experimento, ou seja, das aulas gravadas e repassadas aos alunos pelo grupo de WhatsApp. Pedi a eles que se manifestassem e poucos pediram a palavra.

No geral, a turma gostou da ideia de poder ter as aulas gravadas, seja porque ajudaria na véspera da prova de História, como uma espécie de revisão do conteúdo trabalhado, seja porque alguns alunos não estiveram presentes na aula anterior e perderam a explicação do conteúdo.

Perguntei se algum deles teve dificuldade de acessar os áudios no grupo de WhatsApp e eles responderam negativamente. Perguntei, também, se eles tiveram dificuldades em baixar os áudios, tendo em vista que eles tinham duração de aproximadamente 10 minutos cada.

Fotografia 4 – Alunos mostrando os seus smartphones

Fonte: arquivo pessoal do autor

Nenhum relatou ter encontrado dificuldades em baixar os arquivos. Questionei aos alunos se os áudios não ficaram muito longos. Apenas um aluno disse que sim, mas que teria escutado os áudios em partes. Uma aluna relatou que quando não entendia uma parte da aula, voltava o áudio para escutar de novo.

Para mim, essas palavras e o carinho e a receptividade com que não só os alunos, mas também a escola me recebeu todos os dias em que fui até ela comprovavam o sucesso do experimento.

Me despedi dos alunos agradecendo o apoio e a valiosa ajuda que eles me deram e me coloquei à disposição para ajudá-los no que for possível. Eles agradeceram com uma grande salva de palmas. Fui para o estacionamento da escola para pegar meu carro, haja vista que a chuva já se anunciava com os primeiros pingos.

5º dia (30 de maio de 2024)

Pelo cronograma elaborado por mim, destinei o último dia para a sistematização dos dados obtidos por meio do questionário aplicado e da escuta que fiz na roda de conversa que realizamos no último encontro, a fim de avaliar conjuntamente o experimento. O resultado dessa sistematização está expresso no decorrer deste capítulo.

Além desse espaço, recebi outras manifestações sobre o produto no grupo de WhatsApp, afinal de contas eu precisava me despedir por lá também. Recebi esta manifestação de uma aluna:

> Boa noite interessante essa aula em audio assim podemos observa pontos que ñ percebemos lendo. ex:os idiomas que vieram dos romanos. pensei que era só o idioma latim. [...] Também o significado do nome.césar gostei também de saber como os escravos aceitaram o cristianismo muito bacana quando à explicação e bem detalhada fica mais fácil de a aprender tem muito conteúdos importantes para que nós possam a acompanhar e comentar à apostila (Aluna "A", 2024).[16]

Outra aluna aproveitou o espaço para me agradecer e desejar sorte no trabalho, expresso com estas palavras:

> Obrigada professor.pelo carinho e pelos conhecimentos que o senhor compartilhou conosco. o senhor pode ter certeza que esse método que o senhor fez ao envia.lo essa aula em audio. fez toda a diferença pra nós. peço a Deus que venha lhe abençoa ricamente que ele ilumine sempre.sempre o seu caminho e o seu talento que é o seu conhecimento que é pra Deus um dom creio que ñ só eu mais a turma toda a apreciou o seu trabalho siga em frente. na companhia do mestre dos mestre que é o nosso Salvador jesus cristo (Aluna "B", 2024).

---

[16] Transcrevi na íntegra as mensagens enviadas pelas alunas, incluindo os emojis, que são figurinhas que expressam sentimentos, gestos ou objetos. Eles são muito utilizados nas conversas pelo aplicativo WhatsApp e tornaram-se quase que um sinônimo dele, sendo muito populares entre todas as faixas etárias, especialmente crianças e adolescentes.

Diante do exposto, acredito ter cumprido o objetivo da pesquisa e a consequente aplicação exitosa do experimento (aulas gravadas em formato MP3 e compartilhadas pelo aplicativo de mensagens WhatsApp). E o que fazer com esse material? Será que ele poderia ser aproveitado por outros alunos e professores da rede municipal de Ananindeua ou de outras redes de ensino? É isso que busco refletir no tópico a seguir.

3.4 O que fazer com as aulas gravadas?

É de suma importância dar vida ao que foi produzido no experimento, no caso as aulas gravadas em formato MP3. O objetivo central de um experimento como esse é encontrar soluções para os problemas que os profissionais de determinada área enfrentam. No caso dos professores de História da rede municipal de ensino de Ananindeua que atuam na modalidade EJA, os problemas são muitos e um deles é a falta de material didático para ser usado com os alunos.

Como pudemos observar, o próprio professor titular da turma a qual utilizamos para a aplicação do produto é quem teve que confeccionar seu material didático. Quando há livro didático disponível para a EJA nas escolas da rede municipal de Ananindeua, o que é raríssimo, os conteúdos presentes nas obras não condizem com os conteúdos do currículo da rede, obrigando os professores a elaborarem seus materiais pedagógicos.

Se o livro didático, que é praticamente onipresente nas escolas públicas brasileiras, não é disponibilizado para os alunos da EJA, que dirá outros materiais pedagógicos. Por isso, o produto elaborado por mim pode ajudar a preencher essa lacuna, logicamente sem a pretensão de resolver por completo o problema.

Independentemente de as aulas gravadas elaboradas serem boas ou não, se não houver aplicabilidade delas, elas cairão no esquecimento e se tornarão apenas um item a compor este livro no sentido de comprovar a tese que desenvolvo aqui. E essa aplicabilidade está sujeita a condições sem as quais se torna inofensivo o esforço empreendido em sua elaboração.

A primeira condição é a de que os alunos tenham acesso à internet, não somente na escola, mas em suas casas também. Pelo menos para os alunos da turma da terceira etapa da escola que utilizamos para a aplicação do experimento esse não é o problema, como vimos, pois praticamente todos têm acesso à internet.

Recentemente, o atual governador do estado do Pará anunciou a aquisição de mais de mil antenas da empresa Starlink, do magnata Elon Musk, para oferecer internet a mais de 800 escolas da rede estadual (Helder..., 2024).

Se essa promessa vai se cumprir, não saberemos, mas na rede municipal de ensino de Ananindeua nem promessa há nesse sentido: a internet que existe nas escolas da segunda maior cidade do Pará é limitada, sendo destinada para o uso da secretaria e corpo administrativo da escola. Como dito anteriormente, não basta ter acesso à internet, ela tem que ser de qualidade para garantir que o usuário tenha uma experiência satisfatória em seu uso.

De acordo com reportagem no site "Reclame aqui", o setor de telefonia móvel é o quinto setor com maior número de reclamações no site:

> Os números absolutos de reclamações são muito próximos entre os dois anos. Isso mostra como as operadoras de telefonia móvel mantêm uma dificuldade em atender às necessidades dos consumidores. Entre as empresas com mais reclamações estão a Vivo, com 94,7 mil, seguida da Claro (76,7 mil) e da Tim (47,4 mil). Em geral, os problemas dessas operadoras se assemelham bastante, indo das cobranças indevidas, dificuldades com sinal até o não cumprimento da franquia de dados (Conheça..., 2021).

Com um setor estratégico para qualquer país concentrado nas mãos de três grandes empresas (Tim, Claro e Vivo), era previsível que essas situações acontecessem, uma vez que esse monopólio do mercado oferece pouca ou nenhuma variação da qualidade dos serviços oferecidos aos consumidores brasileiros.

Cabe mencionar que os alunos precisam, também, ter acesso a equipamentos que os permitam acessar a rede mundial de computadores. E como vimos na pesquisa realizada por mim, os alunos basicamente dispõem de smartphones, alguns não possuem o seu próprio equipamento, dependendo de parentes ou amigos para ter acesso à internet.

Outro item que merece destaque no que concerne à aplicabilidade do produto fruto do experimento é a questão primordial da acessibilidade. Como as aulas são em formato de áudio, os não ouvintes (surdos e pessoas com severa perda de audição) estão excluídos a princípio por questões óbvias. A solução para atender esses alunos seria a existência de intérpretes da Língua Brasileira de Sinais (Libras) nas escolas em que há demanda. Eles dariam acesso aos alunos não ouvintes realizando a tradução dos áudios para Libras.

No entanto, não há profissionais suficientes para atender essa demanda específica nas escolas. Na rede municipal de ensino de Ananindeua, não há previsão para a realização de concurso público para intérpretes de Libras.

Se os fatores descritos não forem empecilho, as aulas gravadas poderão ser utilizadas não só por mim e meus alunos em minhas aulas, mas também por outros professores e alunos. Para que isso aconteça, pretendia disponibilizar para a Semed de Ananindeua os direitos autorais das aulas gravadas em formato MP3. Elas poderiam compor o acervo da plataforma "Educa Ananindeua", ambiente virtual de aprendizado criado pela supracitada secretaria para atender professores, alunos, gestores e demais interessados durante o período da pandemia de covid-19.

Entre os materiais disponíveis nessa plataforma constavam as aulas gravadas que eram exibidas na TV aberta, apostilas, livretos, "quiz", exercícios e uma variada gama de outros materiais. Porém, ao pesquisar a página da plataforma[17], constatei que ela foi desativada ou passa por problemas técnicos. Não sei se ela está offline por conta das restrições impostas em virtude das eleições

---

[17] O endereço eletrônico da referida plataforma é https://www.educaananindeua.com.br.

municipais que ocorreram em outubro de 2024 ou porque o uso da plataforma foi abandonado pela Semed.

Independentemente disso, disponibilizarei aos colegas professores que tenho contato ou que me solicitem as aulas, bem como aos alunos que também se interessem. Para que o registro dessas aulas confeccionadas por mim não se perca e para que o leitor do presente livro tenha acesso aos áudios em questão, apresento o QRCode das aulas gravadas, armazenadas na plataforma YouTube:

Primeira parte da aula   Segunda parte da aula

É importante destacar alguns pontos. O primeiro deles é que a plataforma YouTube só disponibiliza vídeos, portanto tive que transformar o áudio em formato MP3 para o formato MP4 (formato muito utilizado para arquivos de vídeo). Como no vídeo há imagem e som, fiz uma pequena animação, utilizando o aplicativo "Vivu Video", disponível nas lojas de aplicativos para smartphones com o sistema operacional Android (pertencente à empresa Google) ou IOS (pertencente à empresa Apple).

Nessa animação é possível ver em primeiro plano a onda sonora do áudio, o tempo decorrido do áudio, e em segundo plano uma imagem do Coliseu, importante prédio histórico da civilização romana e o tema da aula (Roma Antiga).

Como o assunto em questão é relativamente longo, foram necessários dois áudios: a primeira parte faz uma breve introdução ao tema e segue analisando as duas primeiras fases da história da civilização romana, quais sejam: a monarquia e a república. A duração do áudio é de exatos 9 minutos e 23 segundos.

A segunda parte aborda a crise da república e a última fase da história da Roma Antiga, que é a fase imperial. O áudio encerra com uma sucinta explicação sobre o esfacelamento de Roma e sua invasão pelos chamados povo bárbaros (povos que moravam nas fronteiras do império e que não foram subjugados pelos romanos). A duração do último áudio é de exatos 12 minutos e 45 segundos.

Somados, os dois áudios totalizam aproximadamente 22 minutos, três minutos abaixo do limite máximo recomendado por especialistas em aprendizado, que afirmam ser o tempo de 25 minutos o máximo que uma pessoa consegue manter a concentração num mesmo assunto.

Entendo que esse experimento é algo inacabado, que as aulas gravadas necessariamente devam passar por melhorias técnicas (melhores equipamentos de gravação, divulgação e reprodução) e pedagógicas (outras dinâmicas de explicação, novas abordagens historiográficas). Entendo, também, que "não inventei a roda" e que não cabe a mim a paternidade por tal ideia: há uma infinidade de professores, não só da disciplina História, que utilizam os recursos do aplicativo WhatsApp em suas aulas e que muitas das vezes essas experiências não foram sistematizadas como a minha.

Sei que o presente experimento e o seu fruto (aulas gravadas) são uma singela contribuição de minha parte para esse debate sobre a utilização das TICs na sala de aula e para que novos trabalhos venham se somar aos que já existem nesse campo do conhecimento. Conclamo todos os professores, especialmente os da nossa querida disciplina História, a refletir sobre essa questão e a incorporar em suas práticas pedagógicas essas novas ferramentas, indispensáveis para uma educação no século XXI.

CONSIDERAÇÕES FINAIS

Ao longo desta obra, procurei demonstrar a premente necessidade de a escola fazer uso das TICs, incorporando-as ao dia a dia na sala de aula. Os desafios que essa instituição enfrenta em um mundo cada vez mais virtual e tecnológico é gigantesco: a escola deve promover um ensino "digital" em vez do atual modelo "analógico".

Os alunos, ano após ano, demonstram um maior desinteresse pela escola, pois ela parece chata e enfadonha, utilizando-se de métodos seculares que não estão "conectados" com as novas gerações, criadas sob o signo do desenvolvimento tecnológico e científico da virada dos séculos XX para o XXI.

É importante esclarecer que isso não significa abolir os métodos tradicionais de ensino, mas sim dar um novo gás a eles, reinventando-os cotidianamente no chão das escolas. Propugno a ideia de que as TICs não irão substituir o professor e muito menos abolir a forma como se dá aulas hoje em dia. Elas são apenas ferramentas que auxiliarão no processo de ensino-aprendizagem. Dito de outro modo, qualquer tecnologia que se insira no âmbito da escola é complementar ao trabalho realizado pelos professores, assim como os equipamentos que hoje são utilizados em larga escala nas escolas, como televisores, aparelhos de DVD, notebooks, computadores etc.

É nesse contexto em que o WhatsApp, aplicativo de mensagens mais popular em nosso país, pode ser um importante aliado dos professores e alunos nas escolas brasileiras. Uma vez que a maioria das pessoas sabem utilizar o referido aplicativo e que, quem tem um aparelho smartphone, provavelmente o tem instalado entre seus aplicativos, fica mais fácil sua utilização para fins pedagógicos. Ou seja, não será necessário ensinar a utilizar o aplicativo, pois essa habilidade os alunos já têm, permitindo aos professores o uso imediato em sala de aula.

O temor e a resistência que alguns professores têm em relação a sua utilização em sala de aula são totalmente descabidos, uma vez que qualquer recurso pedagógico para ser utilizado em sala de aula necessita de um planejamento prévio, em que se preveem possíveis contratempos em seu uso, que, diga-se de passagem, não são exclusivos das TICs. Ao mesmo tempo que um smartphone nas mãos de um aluno pode gerar distrações durante a aula, pode ser utilizado como instrumento de pesquisa sobre os conteúdos trabalhados pelos professores. Se tivermos o necessário discernimento sobre os aspectos positivos e negativos da introdução dessas TICs em nosso fazer pedagógico, não teremos surpresas.

O grande desafio é chegar a um meio termo na utilização dessas novas tecnologias no ensino. Enquanto muitos países europeus estão revendo a utilização em demasia dessas TICs em sala de aula (como no caso da Suécia), o nosso país ainda está dando os primeiros passos nessa direção. Cabe ressaltar que, por mais que o Brasil esteja atrás, se comparado a alguns países nesse processo, importantes iniciativas já foram tomadas, e algumas delas não foram adiante por diversos motivos.

Devemos, pois, tirar lições dessas experiências dos países europeus e aplicar esses conhecimentos em nossa realidade, não esquecendo que esses países têm um padrão de consumo que permite que esses alunos tenham acesso a essas TICs também em suas casas. Em nosso país muitas das vezes o único contato que milhares de alunos terão com as novas tecnologias será no ambiente escolar.

Democratizar o acesso à internet e aos aparelhos que são utilizados para acessar a rede mundial de computadores é condição *sine qua non* para que tenhamos êxito nesse processo. As escolas devem disponibilizar aos estudantes e comunidade escolar acesso irrestrito a esse bem cultural. Deve-se, também, garantir o acesso dos alunos à internet de qualidade em suas casas, para que possam realizar pesquisas, fazer trabalhos, terem acesso à cultura e lazer por meio da rede mundial de computadores.

A escola tem um papel primordial no que se refere a educar as novas gerações sobre o uso correto das novas tecnologias que surgem numa velocidade extraordinária. A negação desse processo é um dos maiores erros que nós educadores cometemos para com nossos alunos.

O trabalho também é um pedido de socorro para as autoridades em todas as esferas: salvem a EJA! As matrículas declinam ano após ano e se acentuaram a níveis drásticos no pós-pandemia, levando várias escolas a fecharem o turno da noite por conta da "falta de alunos". Como demonstrado ao longo do livro, não existe falta de alunos para a referida modalidade, o que falta na verdade é uma política publica séria e comprometida com a garantia de direitos fundamentais para os mais baixos extratos da nossa sociedade, público que frequenta a escola em busca da continuidade dos seus estudos.

Por fim, o presente livro se constitui como uma pequena e modesta contribuição para os debates expostos, não tendo nenhuma pretensão de ser referência no tema, tampouco abarcar a totalidade do fenômeno em seus variados aspectos. Novos trabalhos e pesquisas são necessários para que possamos embasar ainda mais nossas ações em âmbito escolar.

REFERÊNCIAS

50 POR CENTO dos jovens das famílias mais pobres do Brasil não estudam e não trabalham. **A Nova Democracia**, Rio de Janeiro, [2023?]. Disponível em: https://anovademocracia.com.br/50-dos-jovens-das-familias-mais-pobres-do-brasil- nao-estudam-nem-trabalham. Acesso em: 11 dez. 2023.

6 ANOS da compra do WhatsApp pelo Facebook: o que mudou desde então. **Techtudo**, São Paulo, [2023?]. Disponível em: https://www.techtudo.com.br/listas/2020/02/6-anos-da-compra-do-WhatsApp-pelo-facebook-o-que-mudou-desde-entao.ghtml. Acesso em: 15 fev. 2023.

ANTUNES, R. (org.). **Uberização, trabalho digital e indústria 4.0**. São Paulo: Boitempo, 2020.

AS FAKE news e o efeito avassalador do WhatsApp nas eleições presidenciais. **Congresso em Foco**, Brasília, [2023?]. Disponível em: https://congressoemfoco.uol.com.br/area/pais/as-fake-news-e-o-efeito-avassalador- do-WhatsApp-nas-eleicoes-presidenciais. Acesso em: 15 fev. 2023.

BOURDIER, P. **A escola conservadora**: as desigualdades frente à escola e à cultura. Belo Horizonte: [s.n.], 1989.

BRASIL envia 4 vezes mais áudios no WhatsApp do que qualquer outro país, diz Mark Zuckerberg. **G1**, Rio de Janeiro, 2024. Disponível em: https://g1.globo.com/tecnologia/noticia/2024/06/06/brasil-envia-4x-mais-audios-no- WhatsApp-do-que-qualquer-outro-pais-diz-mark-zuckerberg.ghtml. Acesso em: 8 jun. 2024.

BRASIL. **Constituição da República Federativa do Brasil**. Promulgada em 5 de outubro de 1988. Disponível em: https://www.planalto.gov.br/ccivil_03/Constituicao/Constituicao.htm. Acesso em: 2 jul. 2023.

BRASIL. MEC amplia auxílio do programa pé-de meia para alunos da EJA. **DOL**, Brasília, 6 jun. 2024. Disponível em: https://dol.com.br/noticias/brasil/862585/mec-amplia-auxilio-do-programa-pe-de- meia-para-alunos-da-eja?d=1#. Acesso em: 7 jun. 2024.

BRASIL. **MEC faz chamada pública para a educação de jovens e adultos.** 2024. Disponível em: https://www.gov.br/mec/pt-br/assuntos/noticias/2024/julho/mec-faz-chamada-publica- para-educacao-de-jovens-e-adultos. Acesso em: 15 jul. 2024.

BRASIL. **Pacto EJA:** quase 76% das redes do Nordeste já aderiram. 2024. Disponível em: https://www.gov.br/mec/pt-br/assuntos/noticias/2024/julho/pacto-eja-quase-76-das- redes-do-nordeste-ja-aderiram. Acesso em: 9 jul. 2024.

CASTELLS, M. **A sociedade em rede.** São Paulo: Editora Paz e Terra, 1999.

CATELLI JR., R.; HADDAD, S.; RIBEIRO, V. M. **A EJA em xeque:** desafios das políticas de Educação de Jovens e Adultos no século XXI. São Paulo: Editora Global, 2014.

CHAGAS, V. R. S. **A EJA no Brasil:** reflexões sobre seu histórico. Maceió: VII Congresso Nacional de Educação, 2020.

COMO a internet de Elon Musk chegou ao garimpo ilegal na Amazônia. **UOL,** Rio de Janeiro, 2023. Disponível em: https://noticias.uol.com.br/ultimas-noticias/redacao/2023/06/05/como-a-internet-de- elon-musk--chegou-ao-garimpo-ilegal-na-amazonia.htm. Acesso em: 18 jun. 2023.

COMO transformar minha loja física em virtual. **UOL,** Rio de Janeiro, 2021. Disponível em: https://meunegocio.uol.com.br/blog/transformar--loja-fisica-em-virtual. Acesso em: 5 jan. 2024.

CONHEÇA os 6 setores com mais empresas reclamadas em 2021. **Reclame aqui,** São Paulo, 2021. Disponível em: https://blog.reclameaqui.com.br/conheca-os-6-setores-com-empresas-mais- reclamadas-em-2021-parte-1. Acesso em: 12 jul. 2024.

CRISPI, P. Brasil tem 9 milhões de jovens fora da escola, mostra pesquisa. **Eu, Estudante,** 2024. Disponível em: https://www.correiobraziliense.com.br/euestudante/educacao-basica/2024/03/6816745-brasil-tem-9-milhoes-de-jovens-fora-da-escola-mostra-pesquisa.html. Acesso em: 11 fev. 2025.

DAQUINO, F. A História das redes sociais: como tudo começou. **Tec mundo**, [s. l.], 26 de novembro de 2012. Disponível em: https://www.tecmundo.com.br/redes-sociais/33036-a-historia-das-redes-sociais-como-tudo-comecou.htm. Acesso em: 18 abr. 2023.

DE 37 PAÍSES, Brasil é o 2º com maior proporção de jovens "nem-nem". **Infomoney**, São Paulo, 2023. Disponível em: https://www.infomoney.com.br/economia/de-37-paises-brasil-e-o-2o-com-maior-proporcao-de-jovens-nem-nem. Acesso em: 24 jul. 2023.

ENTENDA o escândalo de uso político de dados que derrubou valor do facebook e colocou na mira autoridades. **G1**, Rio de Janeiro, 2023. Disponível em: https://g1.globo.com/economia/tecnologia/noticia/entenda-o-escandalo-de-uso-politico-de-dados-que-derrubou-valor-do-facebook-e-o-colocou-na-mira-de-autoridades.ghtml. Acesso em: 15 fev. 2023.

FACEBOOK é processado e pode ser obrigado a vender Instagram e WhatsApp. **Exame**, São Paulo, 2023. Disponível em: https://exame.com/tecnologia/facebook-e-processado-e-pode-ser-obrigado-a-vender-instagram-e-WhatsApp. Acesso em: 30 maio 2023.

FERREIRA, G. C. Redes sociais de informação: uma história e um estudo de caso. **Perspectivas em Ciência da Informação**, São Paulo, v. 16, n. 3, p. 208-231, jul./set. 2011.

FLAVIO Dino conta: "decretamos a intervenção pelo WhatsApp". **TV 247**, Brasília, 2023. Disponível em: https://www.youtube.com/watch?v=-f5uqyNqIuI. Acesso em: 26 maio 2023.

FLORES, L.; THIBES, F. O que significa Home Office? Um guia com tudo sobre o assunto. **Woba**, São Paulo, (2023?). Disponível em: https://blog.woba.com.br/home-office. Acesso em: 1 dez. 2023.

FREITAS, V. O fim das lojas físicas está próximo? Entenda se é mito ou verdade. **Ecommerce na prática**, São Paulo, 6 jul. 2023. Disponível em: https://ecommercenapratica.com/blog/fim-das-lojas-fisicas. Acesso em: 5 jan. 2024.

GOVERNO DO ESTADO DO PARÁ. **Navega Pará**. Belém, [2023?]. Disponível em: https://sectet.pa.gov.br/audiovisual/basic-page/navegapará. Acesso em: 1 dez. 2023.

HELDER compra antenas starlink para todas as escolas estaduais do Pará. **Veja**, Brasília, 2023. Disponível em: https://veja.abril.com.br/coluna/radar/helder-compra-antenas-starklink-para-todas-as- escolas-estaduais-do-para. Acesso em: 10 jun. 2024.

IBGE, Instituto Brasileiro de Geografia e Estatística. **Censo 2022**. Rio de Janeiro: IBGE, 2023.

IMPACTOS da pandemia na educação: quais foram e como reverter? **FIA Business Scholl**, São Paulo, 2022. Disponível em: https://fia.com.br/blog/impactos-da-pandemia-na-educacao. Acesso em: 12 fev. 2024.

INTERNET banking: uma facilidade que pode se tornar uma ameaça. **Perallis Security**, São Paulo, [2023?]. Disponível em: https://www.perallis.com/news/internet-banking-uma-facilidade-que-pode-se-tornar- uma-ameaca. Acesso em: 1 dez. 2023.

KOTSCHO, M. Os celulares em sala de aula e as consequências educacionais. **UOL**, Rio de Janeiro, [2023?]. Disponível em: https://marianakotscho.uol.com.br/educacao/os-celulares-em-sala-de-aula-e-as- consequencias-educacionais.html. Acesso em: 27 nov. 2023.

KURTZ, F. D.; SILVA, D. R. Tecnologias de Informação e Comunicação (Tics) como Ferramentas Cognitivas na Formação de Professores. **Revista Contexto e Educação**, Ijuí, ano 33, n. 104, jan./abr. 2018.

LISBOA, K. O. *et al*. A História da telemedicina no Brasil: desafios e vantagens. **Scielo Brasil**, v. 32, n. 1, 2023. Disponível em: https://doi.org/10.1590/S0104-12902022210170pt. Acesso em: 5 jan. 2024.

LOPES, C. G.; VAS, B. B. O ensino de História na palma da mão: o WhatsApp como ferramenta pedagógica para além da sala de aula. *In*: **Simpósio internacional de Educação à Distância**, 2016.

MARTINS, E. R.; GOUVEIA, L. M. B. Sala de aula invertida com WhatsApp. *In:* DURAU, K. (org.). **Demandas e Contextos da Educação no Século XXI**. Ponta Grossa: Editora Atena, 2019.

MINISTRO das comunicações e Elon Musk. G1, Rio de Janeiro, 2022. Disponível em: https://g1.globo.com/sp/sorocaba-jundiai/noticia/2022/05/20/ministro-comunicacoes-elon-musk.ghtml. Acesso em: 30 maio 2023.

MIRANDA, L. C. P.; SOUZA, L. T.; PEREREIRA, I. R. D. **A trajetória histórica da EJA no Brasil e suas perspectivas na atualidade**. Montes Claros: Seminário de Iniciação Científica, 2016.

MNEMOSYNE, T. *et al.* **Globalização e sociedade da informação:** Perspectivas ético-políticas. Salvador: Rede Cooperativa de Pesquisa e Intervenção sobre (In)formação, Currículo e Trabalho, Universidade Federal da Bahia, [20--?].

MOREIRA, J. A.; TRINDADE, S. D. O WhatsApp como dispositivo pedagógico para a criação de ecossistemas educomunicativos. *In:* PORTO, C.; OLIVEIRA, K. E.; CHAGAS, A. (org.). **WhatsApp e educação:** entre mensagens, imagens e sons. Salvador, EDUFBA, 2017.

NAVEGA Pará: o que é. **Navega Pará**, Belém, [2023?]. Disponível em: http://www.navegapara.pa.gov.br/o-que-e. Acesso em: 1 dez. 2023.

O IMPACTO da pandemia de COVID-19 na educação: panorama e desafios no cenário Brasileiro. **Rede Nacional de Ciência para a Educação**, Rio de Janeiro, 2023. Disponível em: https://cienciaparaeducacao.org/blog/2023/09/29/o-impacto-da-pandemia-de-covid-19-na-educacao-panorama-e-desafios-no-cenario-brasileiro. Acesso em: 12 fev. 2024.

O QUE em que o WhatsApp evitou um golpe de estado armado pelo WhatsApp. **ABI** -Associação Brasileira de Imprensa. Disponível em: http://www.abi.org.br/o-que-em-que-o-WhatsApp-evitou-um-golpe-de-estado-armado- pelo-WhatsApp. Acesso em: 3 fev. 2023.

PIX bate recorde e supera 160 milhões de transações em um dia. **Agência Brasil**, Brasília, 2023. Disponível em: https://agenciabrasil.ebc.com.br/

economia/noticia/2023-10/pix-bate-recorde-e- supera-160-milhoes-de-transacoes-em-um-dia. Acesso em: 1 dez. 2024.

POR QUE a Suécia desistiu da educação 100 por cento digital e gastará milhões de euros para voltar aos livros impressos. **G1**, Rio de Janeiro, 2023. Disponível em: https://g1.globo.com/educacao/noticia/2023/08/07/por-que-a-suecia-desistiu-da- educacao-100percent-digital-e-gastara-milhoes-de-euros-para-voltar-aos-livros- impressos.ghtml. Acesso em: 24 out. 2023.

PORTO, C.; OLIVEIRA, K. E.; CHAGAS, A. (org.). **WhatsApp e educação**: entre mensagens, imagens e sons. Salvador: EDUFBA, 2017.

PREÇO de compra do WhatsApp pelo Facebook sobre U$ 22 bilhões. **G1**, Rio de Janeiro, 2014. Disponível: https://g1.globo.com/economia/negocios/noticia/2014/10/preco-de-compra-do- WhatsApp-pelo-facebook-sobe-us-22- bilhoes.html#:~:text=O%20Facebook%20finalizou%20a%20aquisi%C3%A7%C3%A 3o,do%20Facebook%20nos%20 %C3%BAltimos%20meses. Acesso em: 15 fev. 2023.

QUAIS os planos de Elon Musk para o Twitter. **G1**, Rio de Janeiro, 2024. Disponível em: https://g1.globo.com/tecnologia/noticia/2022/04/06/quais-os-planos-de-elon-musk- para-o-twitter.ghtml. Acesso em: 30 maio 2023.

RECOMPOSIÇÃO de aprendizagem: como reduzir as perdas da pandemia. **Educacional**, 2023. Disponível em: https://educacional.com.br/praticas-pedagogicas/recomposicao-de-aprendizagem. Acesso em: 12 fev. 2024.

RECOMPOSIÇÃO de aprendizagem: o que é e como fazer. Árvore, Rio de Janeiro, 2023. Disponível em: https://www.arvore.com.br/blog/recomposicao-da-aprendizagem. Acesso em: 12 fev. 2024.

RÚSSIA e Irã tentaram interferir em eleições dos EUA em 2020, afirma governo americano. **G1**, Rio de Janeiro, 2021. Disponível em: https://g1.globo.com/mundo/noticia/2021/03/16/russia-e-ira-tentaram-interferir-em- eleicoes-dos-eua-em-2020-afirma-governo-americano.ghtml. Acesso em: 26 maio 2023.

SILVA, M. Prefácio: Paulo Freire, Vygotsky, Freinet, Dewey e Anísio Teixeira usariam o WhatsApp. *In:* PORTO, C.; OLIVEIRA, K. E.; CHAGAS, A. (org.). **WhatsApp e educação**: entre mensagens, imagens e sons. Salvador: EDUFBA, 2017.

SIQUEIRA, S. Home Office: o que é, sites para encontrar vagas e dicas (guia). **Sólides**, Rio de Janeiro, 2023. Disponível em: https://blog.solides.com.br/home-office. Acesso em: 1 dez. 2023.

SOARES, I. Ananindeua tem o menor índice de analfabetismo no Pará. **Ananews**, Ananindeua, 18 maio 2024. Disponível em: https://ananews.com.br/noticia/7130/ananindeua-tem-menor-indice-de- analfabetismo-do-para. Acesso em: 4 jun. 2024.

TRABALHADORES de aplicativo vem das camadas mais pobres e são mais explorados, revela pesquisa. **A Nova Democracia**, Rio de Janeiro, 2023. Disponível em: https://anovademocracia.com.br/trabalhadores-de-aplicativo-vem-das-camadas- mais-pobres-e-sao-mais-explorados-revela-pesquisa. Acesso em: 10 nov. 2023.

TRANSAÇÃO mais usada Pix tem outras modalidades. **Valor Econômico**, Rio de Janeiro, 2023. Disponível em: https://valor.globo.com/publicacoes/especiais/servicos- digitais/noticia/2023/11/30/transacao-mais-usada-pix-tem-outras-modalidades.ghtml. Acesso em: 1 dez. 2023.

VEEN, V.; VRAKKING, B. **Homo Zappiens**: educando na era digital. Porto Alegre: Artmed, 2009.

WHATSAPP não deve ser usado para marketing político diz executivo da meta. **JOTA**, São Paulo, [2023?]. Disponível em: https://www.jota.info/eleicoes/WhatsApp-nao-deve-ser-usado-para-marketing-politico- diz-executivo-da-meta-16022022. Acesso em: 15 fev. 2023.

WHATSAPP. Disponível em: https://www.WhatsApp.com/about. Acesso em: 3.fev. 2023.